Ces fiches-cuisine de ELLE
ont été réalisées par
Monique Maine et
Janine Péjan.
Les photographies sont de
André Bouillaud, Philippe Leroy
et Yves Jannès.

1

Les entrées

Artichauts au broccio

CORSE

Pour 6 personnes :
36 petits artichauts violets
4 citrons
250 g de broccio
estragon, cerfeuil, sarriette
basilic, persil

sel, poivre
paprika
20 g de beurre
1 cuillerée à soupe de farine
Préparation : 40 mn
Cuisson : 40 à 50 mn

Coupez les tiges des artichauts, éliminez les premières feuilles et dégagez les fonds en coupant les autres feuilles, ôtez le foin à l'aide d'une cuillère parisienne. □ Citronnez les fonds pour les empêcher de noircir. Faites-les cuire à l'eau bouillante salée dans laquelle vous aurez ajouté 1 cuillerée à soupe de farine délayée dans 1/2 verre d'eau et le jus de 2 citrons. □ Le temps de cuisson dépend de la grosseur des artichauts, comptez entre 15 et 20 mn. □ Lavez, épongez, hachez les herbes aromatiques, prélevez une cuillerée à café de cerfeuil, estragon, sarriette, persil et 2 cuillerées à café de basilic, incorporez-les au broccio, mélangez à la fourchette, saupoudrez d'une pincée de paprika. □ Farcissez les fonds de ce mélange, disposez-les dans un plat allant au feu, déposez une noisette de beurre sur chaque artichaut. Enfournez à four chauffé d'avance, chaleur moyenne 200º (6 au thermostat) pendant 20 mn.

Notre conseil : *vous pouvez très bien remplacer les tout petits artichauts poivrades par des artichauts individuels à condition d'utiliser toujours des artichauts violets.*

Les
fiches-cuisine
de
ELLE

Cuisine
de nos provinces

Les
fiches-cuisine
de
ELLE

Cuisine
de nos provinces

FEP

Artichauts au fromage blanc

BRETAGNE

Pour 6 personnes :
6 artichauts de Bretagne
200 g (environ)
de fromage blanc
75 g de crème fraîche
2 échalotes
persil

cerfeuil
estragon, ciboulette
1 cuillerée à soupe de farine
2 citrons
sel, poivre
Préparation : 30 mn
Cuisson : 20 mn

Otez les extrémités des feuilles d'artichauts. Avec un bon petit couteau, épluchez-les en les faisant tourner sur eux-mêmes. A l'aide d'une cuillère spéciale, ôtez le foin. Au fur et à mesure, trempez les fonds d'artichauts dans de l'eau citronnée. □ Faites bouillir 3 litres d'eau salée, ajoutez la farine, délayée dans un peu d'eau. Plongez les fonds d'artichauts dedans, faites-les cuire 15 à 20 mn environ. Égouttez-les sur une grille. □ Dans une jatte, fouettez le fromage blanc avec la crème fraîche. Ajoutez du sel, du poivre, toutes les fines herbes et les échalotes hachées finement. Garnissez chaque fond d'artichaut froid de cette farce. Décorez d'une pincée d'herbes. Disposez-les sur une petite assiette garnie de feuilles de laitue. □ Tenez au frais jusqu'au moment de servir.

Notre conseil : *vérifiez la cuisson des fonds d'artichauts en les piquant avec une aiguille à brider.*

Cervelle de canut

LYONNAIS

Pour 6 personnes :
600 g de fromage blanc
1 échalote
persil, ciboulette
cerfeuil
300 g de crème fraîche

3 cuill. à soupe d'huile d'olive
1 cuill. à soupe de vinaigre
sel, poivre
Préparation : 10 mn
2 ou 3 h à l'avance
Pas de cuisson.

Dans un saladier battez longuement la crème fraîche au fouet, ajoutez-lui petit à petit le fromage blanc, l'échalote et les herbes hachées finement. □ Préparez une vinaigrette avec l'huile, le vinaigre, sel et poivre, ajoutez-la au mélange sans cesser de battre. □ Tapissez un plat à bord haut ou un saladier d'une mousseline fine et suffisamment grande. Versez dessus la préparation au fromage, tassez bien, rabattez la mousseline et mettez au réfrigérateur pendant 2 ou 3 heures. □ Pour démouler, dépliez délicatement la mousseline, retournez le moule sur le plat de service et ôtez-la.

Notre conseil : *dans la région lyonnaise, la cervelle de canut se sert encore comme casse-croûte ou « mâchon ». Vous pouvez la présenter en hors-d'œuvre telle quelle ou accompagnée de crudités ou à la place du plateau de fromages.*

Champignons montagnards

SAVOIE

Pour 6 personnes :	1 dl de vinaigre de vin
500 g de champignons de Paris	1 bouquet garni
300 g de tomates	1 citron
2 oignons, 1 gousse d'ail	Préparation : 10 mn
huile d'olive	Cuisson : 35 mn

Otez le bout terreux des champignons, lavez-les sous l'eau courante, rincez-les à l'eau citronnée, épongez-les et coupez-les en quatre. ▫ Dans une poêle faites chauffer l'huile, mettez-y les champignons à rissoler à feu vif. Arrêtez la cuisson aussitôt qu'ils ont évaporé leur eau. ▫ D'autre part, dans une sauteuse, faites blondir les oignons et l'ail hachés dans 3 cuillerées à soupe d'huile, mouillez avec le vinaigre et faites-le réduire de moitié sur feu vif. Ajoutez les tomates pelées, épépinées et hachées, le bouquet garni, sel et poivre. Laissez cuire doucement à découvert 25 mn environ. ▫ Otez le bouquet garni, ajoutez les champignons à cette fondue de tomates. Tenez au frais jusqu'au moment de servir.

Notre conseil : *c'est une excellente idée d'entrée, mais il vaut mieux la préparer la veille.*

Corniottes

VOSGES

Pour 6 personnes :
300 g de fromage blanc lisse
4 œufs
4 cuillerées à soupe
de crème fraîche

250 g d'emmenthal
500 g de pâte brisée
sel, poivre
Préparation : 30 mn
Cuisson : 20 mn

Dans une terrine, mélangez au fouet le fromage blanc, 3 œufs entiers, la crème. Incorporez l'emmenthal coupé en petits dés, salez, légèrement et poivrez. □ Étendez la pâte brisée au rouleau sur une épaisseur de 2 mm environ. Découpez-la en rondelles à l'aide d'un bol de 8 à 10 cm de diamètre. Disposez sur chaque rondelle quelques cuillerées du mélange, badigeonnez les bords de la pâte sur 1 cm, avec le dernier œuf battu, rabattez comme un chausson, appuyez sur les bords pour les souder. □ Dorez le dessus de chaque corniotte à l'œuf battu et faites cuire 20 mn à four moyen 180º (5 au thermostat). Servez encore chaud à l'apéritif ou en entrée.

Notre conseil : *il est préférable de faire égoutter le fromage blanc dans une passoire fine avant de le travailler.*

Crêpes au sarrasin à l'œuf

BRETAGNE

Pour 15 crêpes environ :
Pour la pâte :
250 g de farine de sarrasin
3 œufs
1/4 de litre de lait
1/4 de litre d'eau
huile, 1 pincée de sel fin

Pour la garniture :
15 œufs
100 g de gruyère râpé
Préparation : 10 mn,
2 h à l'avance
Cuisson : 2 mn environ
par crêpe

Mettez la farine dans une terrine, délayez-la avec les œufs entiers puis ajoutez peu à peu le lait, l'eau, 1 cuillerée à soupe d'huile, le sel. Mélangez jusqu'à obtention d'une pâte lisse un peu plus épaisse que celle des crêpes ordinaires. Couvez la terrine d'un torchon, laissez reposer 2 heures. □ Faites chauffer votre plaque à crêpes, graissez-la à l'aide d'un chiffon enroulé autour d'une cuiller en bois et trempé dans l'huile. Versez une petite louche de pâte, étalez-la à l'aide d'un râteau spécial en faisant un mouvement circulaire. Au bout de 30 secondes la crêpe se détache. Retournez-la. □ Cassez un œuf sur une moitié de la crêpe en répartissant un peu de blanc. Parsemez de gruyère râpé et laissez cuire doucement. Maintenez au chaud sur la plaque encore quelques secondes. □ Servez aussitôt que l'œuf est pris en rabattant la crêpe.

Notre conseil : *vous trouverez la farine de sarrasin dans les maisons spécialisées dans les produits bretons ou auvergnats. □ Vous accompagnerez ces crêpes d'un cidre brut et frais.*

Flan aux asperges

TOURAINE

Pour 6 personnes :
1,250 kg d'asperges vertes
250 g de jambon de Paris
4 œufs
50 g de farine

50 g de beurre
1/2 litre de lait
sel, poivre, muscade
Préparation : 15 mn
Cuisson : 45 mn

Épluchez les asperges, conservez les pointes vertes et la partie très tendre de la tige. Lavez-les et coupez-les en morceaux de 2 cm de longueur. Mettez-les dans une passoire en métal et plongez-la 5 mn dans une casserole d'eau bouillante salée. □ Égouttez-les, rafraîchissez-les, égouttez-les à nouveau. □ Dans une terrine, travaillez la farine avec les œufs, délayez avec le lait et le beurre juste fondu, salez, poivrez et muscadez. □ Beurrez le fond d'un plat allant au four, disposez les morceaux d'asperges et le jambon coupé en dés, versez la pâte dessus et faites cuire à four chaud 230° (7 au thermostat) pendant 35 à 40 mn.

Notre conseil : *comptez 5 mn de cuisson en plus, si vous utilisez un plat en porcelaine à feu.*

Fougasse aux anchois

PROVENCE

Pour 6 personnes :
500 g de farine
20 g de levure,
10 g de sel
3 cuillerées à soupe d'huile

300 g d'anchois
allongés à l'huile
Préparation : 30 mn
2 h à l'avance
Cuisson : 30 mn

Versez 125 g de farine en fontaine sur le plan de travail, ajoutez la levure, 1 demi-verre d'eau tiède, mélangez et formez une boule mollette. □ Mettez-la dans une terrine, versez le reste de farine dessus, laissez reposer 30 minutes. □ Ajoutez alors le sel, 1 verre d'eau et l'huile. Travaillez pour obtenir une pâte souple et laissez à nouveau reposer une petite heure. □ Étendez-la au rouleau sur 1 cm d'épaisseur, beurrez la plaque du four, tapissez-la de la pâte. □ Dans un mortier, pilez les anchois avec leur huile, tartinez-en la pâte jusqu'à 1 cm des bords. □ Enfournez à four très chaud 250º (8 au thermostat) pendant 10 minutes, puis 20 minutes à 200º (6 au thermostat). Servez tiède avec des olives noires et du beurre.

Notre conseil : *vous pouvez utiliser des anchois au sel, vous les pilerez avec 3 ou 4 cuillerées à soupe d'huile d'olive après les avoir fait dessaler 15 minutes.*

Kugelhof apéritif

ALSACE

Pour un moule de 20 cm de diamètre (12 parts environ) :	30 g de sucre, 30 g de noix
25 g de levure de boulanger	70 g de beurre
1 dl d'eau	300 g de lard fumé
300 g de farine, 1 œuf	Préparation : 30 mn
1 cuillerée à café de sel	1 h 30 à 2 h à l'avance
	Cuisson : 45 mn

Otez la couenne du lard, plongez-le 3 mn dans de l'eau bouillante, égouttez-le sur du papier absorbant et taillez-le en très petits lardons. Faites revenir ces lardons à la poêle, juste pour les dorer. □ Dans une grande terrine, délayez la levure avec l'eau, ajoutez la farine, le sel, l'œuf entier et le sucre. Mélangez cette pâte à la main ou à la spatule puis travaillez-la uniquement à la main en la battant pendant 15 mn environ, jusqu'à ce qu'elle se détache de la terrine. □ Incorporez le beurre en parcelles et travaillez à nouveau en battant. □ Ajoutez enfin les petits lardons, travaillez encore pour les mélanger à la pâte. Recouvrez la terrine d'un torchon et faites lever dans un endroit tiède pendant au moins 1 h. □ Reprenez la pâte, rompez-la pour en chasser l'air, travaillez à nouveau 5 mn. Beurrez le moule à kugelhof, parsemez les parois de noix hachées et mettez la pâte. Posez le moule dans un endroit tiède, laissez lever, la pâte doit doubler de volume. □ Allumez le four 15 mn à l'avance à 200º (6 au thermostat). Faites cuire pendant 45 mn environ.

Notre conseil : *vous servirez cette spécialité alsacienne au cours d'un apéritif ou pour un buffet.*

9

Œufs au vin

QUERCY

Pour 6 personnes :	6 dl de vin rouge
6 œufs	50 g de farine
300 g de lard de poitrine fumé	1 couenne
2 carottes	2 cuillerées à soupe d'huile
2 oignons	sel, poivre
3 gousses d'ail	Préparation : 15 mn
2 dl de bouillon	Cuisson : 1 h 30

Faites blanchir le lard 5 mn dans de l'eau bouillante, épongez-le, coupez-le en dés. □ Taillez les carottes en dés. Émincez les oignons. □ Dans un poêlon en terre, faites dorer les lardons dans l'huile, ajoutez les carottes et les oignons. Laissez cuire 5 mn en remuant. □ Saupoudrez de farine, faites-la un peu roussir en remuant et mouillez avec le vin et le bouillon, salez, poivrez. □ Posez dans le fond du poêlon 2 ou 3 morceaux de couenne et faites mijoter doucement 45 mn. □ Incorporez alors l'ail haché et cassez un à un les six œufs dans le poêlon. □ Laissez cuire très doucement pendant 30 mn. Servez très chaud.

Notre conseil : *ce plat rustique est tout à fait remarquable. Il n'a qu'un défaut, sa présentation qui laisse à désirer. Si vous voulez cuire plus de six œufs, utilisez deux poêlons.*

Oignons marinés

COMTÉ DE NICE

Pour 6 personnes :	500 g de tomates fraîches
1 kg de petits oignons	2 oignons, 3 gousses d'ail
100 g de raisins de Smyrne	1/2 dl d'huile
6 cuill. à soupe d'huile d'olive	1 bouquet garni
2 dl de vinaigre blanc	sel, poivre
80 g de sucre en poudre	1 branche de basilic
1 bouquet garni, sel, poivre	Préparation : 20 mn
Pour le coulis de tomates :	Cuisson : 1 h 45

Commencez par préparer le coulis en cuisant ensemble tous les ingrédients pendant 30 minutes environ. Passez au tamis fin. □ Épluchez les petits oignons, mettez-les dans une sauteuse avec 1 demi-litre d'eau, le vinaigre, l'huile, le coulis, le bouquet garni, les raisins, sel et poivre. □ Amenez à ébullition, réduisez le feu et laissez cuire très doucement sans couvercle pendant une bonne heure. □ Laissez refroidir avant de mettre au réfrigérateur. Servez très frais.

Notre conseil : *la cuisson peut être prolongée de 15 à 30 minutes selon la grosseur des oignons.*

Pâté poitevin

POITOU

Pour 6 à 8 personnes :	1 œuf pour dorer
700 g de pâte brisée	1 sachet de gelée
300 g de lard de poitrine	au madère
demi-sel bien maigre	1 moule à cake
150 g de jambon de Paris	Préparation : la veille, 45 mn
3 œufs durs	Cuisson : 1 h 30

Étalez la pâte brisée sur 1/2 cm d'épaisseur. □ Tapissez le moule beurré avec les trois quarts de la pâte, réservez le reste pour le couvercle. □ Faites blanchir le lard 10 mn à l'eau bouillante. Détaillez-le en dés ainsi que le jambon. □ Disposez dans le fond du moule la moitié des lardons et du jambon, posez par-dessus les œufs durs entiers mais dont vous aurez coupé les extrémités, couvrez avec le reste du lard et du jambon. □ Fermez avec le couvercle de pâte en soudant les bords à l'eau et chiquetez-les avec un petit couteau. Faites une cheminée dans le couvercle en y glissant un petit carton. □ Décorez le dessus du pâté avec des retombées de pâte, dorez à l'œuf battu. □ Enfournez à four modéré, 200º (6 au thermostat) jusqu'à ce que la pâte se décolle du moule (1 h 20 de cuisson environ). Laissez refroidir. Enlevez la cheminée. □ Faites fondre la gelée dans une casserole avec la quantité d'eau indiquée sur le paquet. Versez-la dans le pâté froid. Laissez prendre au réfrigérateur.

Notre conseil : *vous servirez ce pâté en hors-d'œuvre avec des petits oignons et des cornichons ou en plat accompagné d'une salade. Chiqueter signifie faire des petites entailles dans l'épaisseur et autour du couvercle.*

Pissaladière

COMTÉ DE NICE

Pour 6 à 8 personnes :	1,5 kg d'oignons
Pour la pâte :	1 dl d'huile d'olive
16 cuill. à soupe	2 boîtes d'anchois allongés
de farine (350 g)	150 g d'olives noires
8 cuill. à soupe d'huile d'olive	dénoyautées
2 dl de lait	Préparation : 30 mn,
1 paquet de levure de	2 h à l'avance
boulanger (20 g)	Cuisson :
sel	40 mn pour les oignons
Pour la garniture :	30 mn pour la pissaladière

La pâte : dans le 1/4 du lait tiède, faites fondre la levure.
□ Sur le plan de travail, versez la farine. Ajoutez la levure
délayée, mélangez, complétez avec le reste du lait,
l'huile et le sel. Cette pâte, comme toutes les pâtes
levées, est assez difficile à travailler. Il faut la frapper sur
la table, l'étirer et recommencer plusieurs fois ce travail.
Donnez à la pâte la forme d'une boule, recouvrez-la d'un
linge et laissez-la lever 2 h dans un endroit tiède. □
Pendant ce temps, épluchez les oignons, émincez-les.
Dans une grande sauteuse faites-les fondre avec 1 dl
d'huile. Remuez de temps en temps, jusqu'à cuisson
complète des oignons. Réservez-les. □ Farinez le plan de
travail, prenez la pâte levée, étendez-la en lui donnant la
forme d'un cercle de 30 à 32 cm de diamètre sur 2 mm
d'épaisseur environ. Posez-la sur la plaque du four huilé
et avec les doigts, relevez légèrement les bords. Garnissez d'oignons, décorez avec les filets d'anchois et les
olives noires. Mettez à four chaud 230º (7 au thermostat).
Laissez cuire 20 mn. Réduisez le four 200º (6 au thermostat), laissez cuire encore 10 mn.

Notre conseil : *cette pâte est en effet assez dure à
travailler à la main. Mais si vous possédez un robot
électro-ménager, vous la réaliserez en 10 mn.*

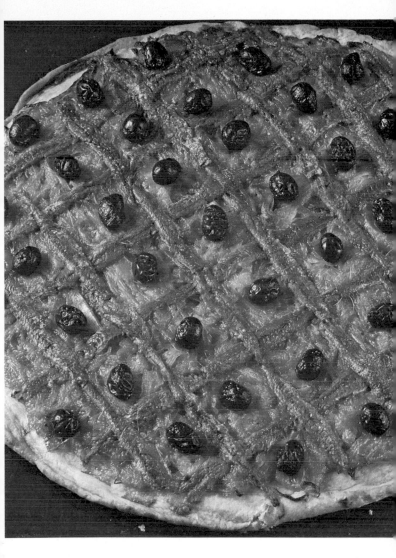

13

Quiche au saumon fumé

LANDES

Pour 6 personnes :	250 g de farine,
3 tranches de saumon fumé	125 g de beurre
4 œufs entiers + 2 jaunes	1 jaune d'œuf
250 g de crème fraîche	1 pincée de sel, 1 dl d'eau
50 g de beurre	Préparation : 10 mn,
sel, poivre, muscade	2 h à l'avance
Pour la pâte brisée :	Cuisson : 35 mn

Préparez la pâte : tamisez la farine sur la table, faites un puits au milieu. Mettez le sel, le jaune d'œuf, le beurre à température ambiante et la moitié de l'eau. □ Pétrissez avec les doigts, pour faire absorber rapidement la farine, sans trop travailler. Mouillez encore si nécessaire pour que la pâte soit souple sans être molle. Cessez de pétrir dès que la farine a absorbé l'eau. □ Faites une boule. Laissez celle-ci reposer 2 h au frais. □ Saupoudrez légèrement la table de farine, étendez la pâte au rouleau sur 4 mm d'épaisseur, foncez-en un moule à tarte beurré. □ Battez les œufs entiers et les jaunes en omelette, ajoutez la crème fraîche, sel et poivre et une pointe de muscade. Battez encore et versez cette composition sur la pâte. □ Ajoutez le saumon en fines lamelles et le beurre en parcelles. □ Mettez à four chauffé d'avance à 260º (8 au thermostat) pendant 35 mn. Servez chaud.

Notre conseil : *10 mn avant la fin de la cuisson, recouvrez la quiche d'un papier blanc pour éviter que le saumon ne durcisse.*

Salade de crosnes

ILE-DE-FRANCE

Pour 6 personnes :
500 g de crosnes
500 g de pommes de terre
1,5 litre de moules
1 cœur de céleri
estragon, sel, poivre

1 verre de vin blanc sec
1 cuillerée à soupe de farine
huile d'arachide
vinaigre de xérès
Préparation : 15 mn
Cuisson : 45 mn

Faites cuire les pommes de terre en robe des champs dans une casserole contenant de l'eau froide salée, pendant 20 minutes. □ Égouttez-les, laissez-les tiédir, épluchez-les, coupez-les en rondelles dans une terrine et arrosez-les de vin blanc. Mélangez bien. □ Dans un torchon, mettez les crosnes, saupoudrez-les de gros sel. Rabattez la moitié du torchon et frottez pour débarrasser les crosnes des peaux sèches. □ Lavez-les et faites-les cuire 20 minutes environ dans de l'eau bouillante salée et farinée. Égouttez-les. □ Grattez les moules, faites-les ouvrir à feu vif, ôtez les coquilles. □ Dans un saladier disposez les crosnes, les pommes de terre, les moules et le cœur de céleri émincé, préalablement lavé et égoutté. □ Préparez une sauce vinaigrette avec 8 cuillerées à soupe d'huile, 2 cuillerées à soupe de vinaigre de xérès, sel, poivre, estragon. Versez sur la salade, mélangez et servez.

Notre conseil : *le vinaigre de xérès est un vinaigre raffiné et très parfumé, il est vendu dans les épiceries fines.*

15

Salade d'œufs crémée

LORRAINE

Pour 6 personnes :
1,2 kg de pommes de terre
250 g de crème fraîche
6 œufs, 3 oignons

persil, câpres
huile, vinaigre, sel, poivre
Préparation : 10 mn
Cuisson : 20 mn

Brossez les pommes de terre sous l'eau courante et faites-les cuire dans une grande quantité d'eau froide salée pendant 20 minutes environ. Égouttez-les. □ Faites durcir les œufs. □ Dans un grand saladier préparez une vinaigrette bien relevée. □ Épluchez les pommes de terre cuites, coupez-les délicatement en rondelles et mélangez-les encore chaudes à la vinaigrette pour qu'elles s'en imprègnent bien. □ Ajoutez alors la crème fraîche et 4 œufs durs coupés en rondelles. □ Dressez le tout sur le plat de service, décorez avec le reste d'œufs et les oignons coupés en rondelles, les câpres et le persil haché.

Notre conseil : *choisissez de belles pommes de terre à chair ferme, genre Roseval ou belle de Fontenay, pour qu'elles ne se défassent pas à la cuisson ni pendant leur manipulation.*

Tarte aux champignons

ILE-DE-FRANCE

Pour 6 à 8 personnes :
500 g de champignons de Paris
80 g de beurre, 30 g de farine
1/2 litre de lait
1 jaune d'œuf, 3 citrons
80 g de crème fraîche
sel, poivre, muscade

Pour la pâte :
250 g de farine,
125 g de beurre
1 œuf, sel
Préparation : 30 mn,
2 h à l'avance
Cuisson : 1 heure

Sur la planche à pâtisserie, versez la farine et 1 pincée de sel, recouvrez-la du beurre divisé en parcelles. Pétrissez du bout des doigts, ajoutez l'œuf entier, travaillez encore, incorporez un peu d'eau si la pâte est trop épaisse. Formez une boule, laissez-la reposer 2 h dans un endroit frais. □ Reprenez la pâte, étendez-la au rouleau sur 3 mm d'épaisseur. Garnissez-en un moule à tarte beurré et fariné, recouvrez la pâte d'un papier sulfurisé rempli de haricots secs et faites cuire à four chaud 230º (6-7 au thermostat) pendant 12 mn environ. □ Retirez les haricots et le papier, laissez la pâte en attente dans son moule. □ Otez le bout terreux des champignons, lavez-les à l'eau citronnée, essuyez-les, émincez-les et, dans une poêle, faites-les sauter dans du beurre chaud. □ Aussitôt qu'ils ont rendu leur eau, saupoudrez-les avec la farine, mouillez avec le lait et mélangez rapidement. Laissez cuire quelques minutes. □ Hors du feu, ajoutez le jaune d'œuf délayé avec la crème et le jus d'un citron, en mélangeant rapidement. Salez, poivrez, muscadez légèrement et versez le tout sur le fond de pâte cuit. □ Faites cuire au four modéré 200º (5-6 au thermostat) pendant 30 à 40 mn environ. Servez très chaud.

Notre conseil : *pour obtenir un joli gratin, vous pouvez saupoudrer le dessus de la tarte de 30 g d'emmenthal râpé.*

2

Les poissons

Bisque d'étrilles

BORDELAIS

Pour 6 personnes :	2 cuill. à soupe
24 étrilles	de concentré de tomate
8 oignons moyens	1 petit piment
1 kg de tomates	100 g de coquillettes
4 gousses d'ail	100 g d'emmenthal
1 bouquet de persil	sel, poivre du moulin
3 branches de thym	Préparation : 20 mn
3 cuill. à soupe d'huile d'olive	Cuisson : 50 mn

Dans une grande casserole faites revenir très doucement dans l'huile d'olive les oignons émincés et l'ail. □ Ajoutez les tomates épluchées, égrenées et coupées en morceaux, le persil haché, le thym, le concentré. Laissez cuire 10 minutes. □ Pendant ce temps, faites bouillir 2 litres et demi d'eau salée, jetez dedans les étrilles rincées sous l'eau fraîche, laissez cuire 10 minutes environ. □ Égouttez et conservez le bouillon de cuisson. □ Pilez grossièrement les étrilles, versez-les dans la sauce à la tomate, mouillez avec le bouillon de cuisson, poivrez, ajoutez le piment, laissez cuire encore à bon feu 15 minutes. □ Passez la bisque au chinois. Remettez-la sur le feu et faites cuire dedans les coquillettes. □ Présentez à part une coupelle d'emmenthal râpé.

Notre conseil : *cette bisque très nourrissante peut à elle seule constituer tout un dîner.*

18

Brochet à la crème

BOURBONNAIS

Pour 6 personnes :	50 g de beurre
1 brochet de 1,500 kg	250 g de crème fraîche
1 bouteille de vin blanc sec	sel, poivre
6 échalotes grises	1 cuill. à soupe de fécule
1 cuill. à soupe de persil haché	Préparation : 20 mn
150 g de champignons de Paris	Cuisson : 1 h

Hachez finement les échalotes et le persil. □ Otez le bout terreux des champignons, coupez-les en lamelles, mélangez-les au hachis échalotes-persil. □ Parsemez le tout dans la lèchefrite du four, bien beurrée. □ Videz le brochet par les ouïes, lavez-le, essuyez-le, déposez-le dans le plat sur le hachis. □ Salez, poivrez, ajoutez les trois quarts de la bouteille de vin blanc, le poisson devant être baigné jusqu'à mi-hauteur. □ Parsemez de quelques noisettes de beurre, recouvrez avec un papier sulfurisé beurré et faites cuire à four chaud 200° (6 au thermostat) pendant 35 à 40 minutes. □ Quand le poisson est cuit, retirez le papier, posez le brochet sur le plat de service, ôtez la peau. □ Versez la cuisson dans une casserole. A l'aide de l'écumoire récupérez les champignons, disposez-les autour du poisson, gardez au chaud à l'entrée du four. □ Amenez la sauce à ébullition, ajoutez la crème en fouettant à l'aide d'un fouet à sauce. □ Délayez la fécule dans un peu d'eau froide, versez-la petit à petit dans la sauce en fouettant toujours. □ Maintenez une petite ébullition pendant 5 minutes. Nappez le poisson de cette sauce et servez.

Notre conseil : *pour sortir le poisson de sa cuisson sans le briser, tapissez la lèchefrite de deux bandes faites de feuilles d'aluminium ménager. Elles vous permettront de faire glisser facilement le poisson dans le plat de service.*

Congre côte d'Émeraude

BRETAGNE

Pour 6 personnes :	**sel, poivre**
1,200 kg de congre	**Pour la sauce :**
1 sachet de court-bouillon	**20 g de beurre**
750 g de coquillages	**20 g de farine**
(moules, praires	**125 g de crème fraîche**
coques, palourdes)	**Préparation : 25 mn**
citrons	**Cuisson : 20 mn**

Lavez les coquillages à grande eau sans les laisser tremper, faites-les ouvrir dans un fait-tout sur feu vif, ôtez-les de leur coquille, gardez-les au chaud. □ Placez le poisson dans une casserole à fond large, saupoudrez-le de court-bouillon, recouvrez-le d'eau froide, couvrez. Portez doucement à ébullition. Dès les premiers bouillons, éteignez le feu, éloignez le poisson de la source de chaleur et laissez-le pocher 10 mn. Égouttez-le, gardez-le au chaud sur le plat de service. □ Réservez le court-bouillon. □ Préparez une sauce blanche : dans une casserole, faites fondre le beurre, ajoutez la farine, mélangez, laissez cuire jusqu'à ce qu'une odeur de brioche s'en dégage. Mouillez alors en fouettant avec 1/4 de litre du court-bouillon, laissez épaissir doucement 10 mn sans cesser de remuer. Liez avec la crème fraîche. Rectifiez l'assaisonnement. Donnez encore quelques bouillons. □ Dressez les coquillages autour du poisson, nappez avec la sauce. Décorez de rondelles de citron pelé à vif.

Notre conseil : *vous pouvez enrichir le fumet du court-bouillon utilisé pour la sauce avec le jus de cuisson des coquillages passé au travers d'une étamine.*

20

Coques de genêts

NORMANDIE

Pour 6 personnes :	125 g de crème fraîche
3 litres de coques	1 œuf
1 gros oignon	30 g de beurre
1 bouquet de cerfeuil	1 citron, sel, poivre
1 bouteille de cidre sec	Préparation : 20 mn
1 cuillerée à soupe de farine	Cuisson : 20 mn

Lavez les coques au moins quatre fois à grande eau, sans les faire tremper. □ Dans un fait-tout, mettez les coquillages, le cidre et posez sur feu vif, secouez souvent. □ A mesure que les coques s'ouvrent, enlevez-les et supprimez une des coquilles, disposez-les dans le plat de service posé sur une casserole d'eau chaude. □ Laissez reposer le jus de cuisson, passez-le. □ Dans une petite casserole, faites fondre dans le beurre et sans prendre couleur l'oignon haché finement. □ Ajoutez la farine, laissez cuire quelques instants, mouillez avec le jus de cuisson décanté, ajoutez la moitié du cerfeuil haché. Laissez mijoter 15 minutes pour réduire du tiers. Rectifiez l'assaisonnement, salez, poivrez. □ Hors du feu, battez la crème avec l'œuf, versez dans la sauce, pressez quelques gouttes de jus de citron. □ Versez sur les coques, saupoudrez avec le reste du cerfeuil.

Notre conseil : *pour retirer toute trace de sable qui pourrait subsister dans le jus de cuisson, passez une dernière fois la sauce dans un linge mouillé.*

Dorade farcie au merlan

ILE-DE-FRANCE

Pour 6 personnes :	1 bouquet d'estragon
1 dorade grise	1 verre de jus de citron
de 1,200 kg environ	2 jaunes d'œufs crus
4 filets de merlan	125 g de crème fraîche
30 g de pain de mie	1/2 citron
50 g de beurre	muscade
2 œufs durs entiers	sel, poivre du moulin
4 gousses d'ail	Préparation : 30 mn
1 bouquet de cerfeuil	Cuisson : 40 mn

Demandez au poissonnier de vider la dorade et de lui retirer l'arête. □ Passez au hachoir, grille fine, les filets de merlan, le pain de mie, les œufs durs, l'estragon, le cerfeuil, l'ail. Mélangez et ajoutez le jus d'un demi-citron, la crème fraîche et les jaunes d'œufs crus. Salez, poivrez, muscadez. □ Farcissez la dorade de cette préparation, recousez-la. Posez le poisson dans un plat beurré allant au four, parsemez le. dessus de noisettes de beurre et arrosez du jus de citron. Faites cuire à four chaud 230º (7 au thermostat) pendant 40 mn environ.

Notre conseil : *offrez avec cette dorade un gros-plant ou un muscadet.*

Écrevisses en salade

LYONNAIS

Pour 6 personnes :	1/2 citron
3 douzaines d'écrevisses	2 cuillerées à soupe
1 sachet de court-bouillon	de ketchup
en poudre	75 g de crème fraîche
1 jaune d'œuf	sel, poivre
1 cuillerée à dessert	1 laitue
de moutarde forte	Préparation : 10 mn
1/4 de litre d'huile d'arachide	Cuisson : 30 mn

Nettoyez les écrevisses, lavez-les abondamment sous l'eau courante et ôtez le petit boyau noir qui se trouve sous la queue. □ Dans un grand fait-tout versez 2 litres d'eau et un sachet de court-bouillon en poudre. □ Faites cuire 15 mn, puis jetez les écrevisses dedans. Comptez 5 mn de cuisson à partir de la reprise de l'ébullition. □ Retirez alors le fait-tout du feu et laissez les écrevisses refroidir dans leur court-bouillon. □ Avec des ciseaux décortiquez les écrevisses encore tièdes et réservez quelques têtes pour le décor. □ Préparez une mayonnaise avec la moutarde, sel, poivre, le jaune d'œuf, l'huile et le jus de citron, lorsqu'elle est prête ajoutez-lui la crème et le ketchup, mélangez, tenez au frais. □ Dressez les écrevisses sur un lit de laitue, servez-les accompagnées de la sauce.

Notre conseil : *pour faire ce plat vous choisirez de préférence des écrevisses à pattes rouges.*

Fruits de mer au safran

CHARENTES

Pour 6 personnes :	3 cuillerées à soupe de moutarde
2 litres de coques	1/4 de litre d'huile
2 litres de moules	1 pointe de cayenne
12 langoustines (minimum)	1 pointe de couteau
2 bouquets garnis	de safran en poudre, sel
Pour la sauce :	Préparation : 25 mn
1 jaune d'œuf	Cuisson : 5 mn

Grattez les moules, lavez-les ainsi que les coques, à grande eau sans les laisser tremper. Rincez-les plusieurs fois. Égouttez-les. Faites-les ouvrir, séparément dans deux casseroles couvertes, à feu vif, avec un bouquet garni. Laissez-les cuire 3 mn environ, en secouant la casserole pour qu'elles s'ouvrent toutes. □ Versez-les dans une passoire, recueillez leur eau. Lorsqu'elles ont refroidi, sortez-les de leurs coquilles, repassez-les sous l'eau froide pour les débarrasser de tout le sable. Décantez l'eau de cuisson, passez-la à travers un linge fin posé sur un chinois. □ Faites cuire les langoustines à l'eau bouillante très salée, avec un bouquet garni, pendant 5 mn. Égouttez-les, laissez-les refroidir, détachez les queues, décortiquez-les. □ Préparez la sauce : débutez-la comme une mayonnaise en délayant le jaune d'œuf avec la moutarde, montez petit à petit à l'huile, salez, ajoutez le cayenne et 1 dl d'eau de cuisson des moules et des coques et le safran. Réservez quelques langoustines pour le décor. □ Dans un saladier, mélangez les coquillages et les langoustines, ajoutez la sauce, remuez. Versez l'ensemble dans le plat de service, garnissez avec les queues de langoustines réservées. Ce plat se sert bien frais.

Notre conseil : *après avoir rincé les moules et les coques à l'eau fraîche, vous pouvez les replonger quelques instants dans leur eau de cuisson passée, cela leur redonnera de la saveur.*

24

Langoustes au vin de Banyuls

ROUSSILLON

Pour 6 personnes :	50 g de beurre
2 langoustes de 1 kg chacune	sel, poivre, cayenne
3 dl d'huile d'olive	Pour le fumet :
1 dl d'eau de vie	1 tête de congre
1 bouteille de banyuls	1 oignon, 1 bouquet garni
4 tomates, 1 gousse d'ail	1 carotte, sel, poivre
4 oignons, 3 échalotes	Préparation : 30 mn
250 g de jambon de Bayonne	Cuisson : 40 mn pour le fumet
50 g de farine	45 mn pour les langoustes

Préparez le fumet de poisson : dans un fait-tout, mettez la tête de congre, l'oignon, le bouquet, la carotte émincée, recouvrez de 2 litres 1/2 d'eau salée et laissez cuire 40 mn à couvert. Passez et faites réduire à 4 dl, laissez en attente. □ Tronçonnez les langoustes à cru, fendez les têtes en deux, recueillez le corail, les parties crémeuses et la lymphe. Dans une cocotte, faites chauffer 2 dl d'huile, faites raidir les morceaux de langoustes. Flambez-les à l'eau de vie et mouillez avec le banyuls, amenez doucement le liquide au frémissement. □ Pendant ce temps, faites blondir dans le reste d'huile, les oignons, les échalotes et l'ail hachés, ajoutez les tomates pelées, épépinées et coupées en quartiers, le jambon cru en dés. Laissez mijoter 5 mn. □ Versez ce mélange sur les langoustes, avec le fumet de poisson, 1 pincée de cayenne, sel, poivre, couvrez. Laissez mijoter 20 mn. □ Dressez la langouste sur un plat, gardez en attente à l'entrée du four. Faites réduire la cuisson sur feu vif après avoir ôté le bouquet garni. □ Dans un bol, mélangez la lymphe, le corail, les parties crémeuses, 50 g de beurre manié avec la farine, versez dans la cuisson, donnez 2 ou 3 bouillons en remuant. Ajoutez les morceaux de langoustes, laissez chauffer quelques instants. Versez dans le plat de service chaud.

Notre conseil : *il est indispensable d'avoir des langoustes vivantes pour la préparation de ce plat. Le fumet de poisson peut être fait la veille.*

Langoustines au basilic

ILE-DE-FRANCE

Pour 6 personnes :	250 g de beurre
18 à 24 langoustines	1 citron
24 petites tomates cerises	sel
2 cuillerées à soupe	poivre du moulin
d'huile d'olive	Préparation : 20 mn
1 grosse poignée de basilic	Cuisson : 10 mn

Avec des ciseaux, détachez les queues des langoustines crues, ôtez les carapaces. Sur des brochettes enfilez, en alternant, les queues de langoustines et les tomates. Avec un pinceau, badigeonnez les brochettes d'huile, salez et poivrez. □ Faites-les griller sur un barbecue, allumé 15 mn à l'avance, comptez 8 à 10 mn de cuisson en les retournant une fois. □ Préparez la sauce : sortez le beurre à l'avance du réfrigérateur. Hachez finement le basilic. Dans une casserole, coupez le beurre en petits morceaux. Mettez la casserole sur un bain-marie chaud mais pas bouillant. Battez au fouet à sauce. Le beurre doit être en crème mais non fondu. □ Hors du feu, salez et poivrez, ajoutez le basilic et le jus du citron. Présentez cette sauce en même temps que les brochettes.

Notre conseil : *si vous ne disposez pas d'un barbecue, faites griller les brochettes dans le four ouvert. □ Accompagnez ce plat d'un muscadet ou d'un gros-plant.*

Limandes au cidre

NORMANDIE

Pour 6 personnes :
2 belles limandes
de 500 g chacune
1 bouteille de cidre brut bouché
150 g de crème fraîche

estragon, persil, ciboulette
30 g de beurre
sel, poivre
Préparation : 10 mn
Cuisson : 20 à 25 mn

Demandez à votre poissonnier de vider les poissons par les ouïes, lavez-les, essuyez-les, coupez les barbes et les queues à l'aide de gros ciseaux. □ Avec un couteau bien aiguisé faites trois incisions peu profondes sur le dessus de chaque limande. Placez-les dans un plat à four beurré. □ Hachez les herbes, saupoudrez-en largement les poissons. □ Arrosez avec 2 décilitres de cidre, salez, poivrez, parsemez de noisettes de beurre. Faites cuire à four moyen 200° (6 au thermostat). □ Cinq minutes avant la fin de la cuisson, versez la crème fraîche dans la sauce, mélangez doucement, arrosez le poisson. Servez très chaud avec des pommes à l'anglaise.

Notre conseil : *au moment de servir, saupoudrez à nouveau d'une poignée d'herbes hachées.*

Morue en ragoût

LANGUEDOC

Pour 6 personnes :	1 gousse d'ail
1,200 kg de morue salée	1 bouquet garni, persil
1 kg de pommes de terre	sel, poivre
huile	Préparation : 15 mn
1 cuillerée à soupe de farine	Cuisson : 40 mn

Coupez la morue en gros morceaux, faites-la dessaler 24 h dans une grande quantité d'eau froide que vous changerez très souvent. □ Otez la peau, les arêtes et les nageoires à l'aide d'un bon couteau et de ciseaux. Coupez-la alors en morceaux carrés de 6 à 7 cm de côté environ. Mettez-la dans un fait-tout, recouvrez-la d'eau froide, amenez à ébullition, éteignez le feu, laissez-la pocher 5 mn, elle doit rester un peu ferme. Égouttez-la, gardez-la en attente. □ Épluchez les pommes de terre et dans une cocotte faites-les revenir dans 2 dl d'huile. Lorsqu'elles sont légèrement colorées, saupoudrez-les de farine, laissez revenir quelques instants en remuant sans cesse. Ajoutez l'ail épluché et écrasé, quelques cuillerées de la cuisson de la morue, le bouquet garni, la morue. Poivrez, salez peu. Couvrez, mettez à four chaud 230º (7 au thermostat) pendant 25 mn. □ Enlevez le bouquet garni, saupoudrez de persil haché, arrosez d'huile et remettez au four 5 à 6 mn. Servez en apportant la cocotte entourée d'un torchon sur la table.

Notre conseil : *si vous utilisez des filets de morue en boîte, le trempage ne sera que de 6 h, mais la morue entière avec sa peau est de qualité bien supérieure.*

Morue en rayte

PROVENCE

Pour 6 personnes :	1 cuillerée à soupe
1 morue entière	de concentré de tomate
2 cuillerées à soupe de farine	2 cuillerées à soupe de câpres
1 litre de bon vin rouge	pain de mie
1 oignon, 2 gousses d'ail	Trempage : 24 heures
huile, poivre	Préparation : 25 minutes
1 bouquet garni	Cuisson : 15 minutes

Ôtez la peau de la morue avec un couteau pointu bien aiguisé et les arêtes à l'aide de ciseaux. ☐ Mettez-la à tremper dans une grande quantité d'eau froide. Renouvelez l'eau souvent, la morue doit dessaler au moins 24 heures. ☐ Préparez la sauce : dans une casserole, faites revenir doucement, dans 4 cuillerées à soupe d'huile, l'oignon finement haché. ☐ Ajoutez la farine, remuez au fouet à sauce et mouillez avec le vin et 1 demi-litre d'eau bouillante. ☐ Amenez à ébullition, poivrez, ajoutez l'ail, le bouquet garni, le concentré de tomate. Laissez bouillir 1 heure et découvert pour que la sauce réduise et épaississe. ☐ Détaillez la morue en morceaux carrés, épongez-les dans un linge et passez-les dans la farine. Faites-les frire 3 minutes à grande friture. ☐ Lorsque la sauce est cuite, ajoutez la morue et les câpres, laissez cuire encore une dizaine de minutes. ☐ Détaillez le pain de mie en tranches, ôtez la croûte et coupez des croûtons en forme de triangles, faites-les blondir sur les deux faces dans de l'huile chaude non fumante. ☐ Servez la morue dans un plat préalablement chauffé, décorez avec les croûtons.

Notre conseil : *ce délicieux plat, servi en Provence le soir de Noël avant la messe de minuit, permet d'attendre calmement le réveillon. Il peut aussi se servir accompagné de petites pommes de terre sautées.*

Mouclade

CHARENTES

Pour 6 personnes :
4 litres de moules
2 oignons émincés
1 bouquet garni
1/2 litre de vin blanc sec
2 jaunes d'œufs

200 g de crème fraîche
2 gousses d'ail
50 g de beurre, 30 g de farine
sel, poivre, persil
Préparation : 20 mn
Cuisson : 15 à 20 mn

Grattez, nettoyez et lavez les moules dans plusieurs eaux. □ Mettez-les dans un grand fait-tout avec le bouquet garni, les oignons émincés, le vin blanc. Portez à feu vif et faites cuire à couvert jusqu'à ce que les moules soient ouvertes. □ Retirez-les du feu et ôtez une coquille à chaque moule, réservez le jus de cuisson. □ Placez les moules sur un plat, maintenez-les au chaud au-dessus d'une casserole contenant de l'eau bouillante. □ Préparez la sauce : faites d'abord un roux blond avec le beurre et la farine. □ Mouillez avec le jus de cuisson des moules passé au chinois doublé d'un linge propre, ajoutez l'ail écrasé, poivrez, salez peu. Laissez cuire 10 minutes. □ Liez à ce moment avec la crème, donnez un ou deux bouillons et, hors du feu, ajoutez les jaunes d'œufs un à un en fouettant vivement. □ Nappez les moules de cette sauce, saupoudrez de persil finement haché et servez très chaud.

Notre conseil : *si les moules doivent être lavées dans plusieurs eaux pour les débarrasser du sable, il ne faut surtout pas les laisser tremper.*

30

Potée de congre

BRETAGNE

Pour 6 personnes :
1 kg de congre
3 carottes, 2 oignons
2 navets, 2 blancs de poireaux
2 gousses d'ail, 2 échalotes
1 bouquet de persil
1 branche de menthe fraîche

75 g de beurre salé, sel, poivre
Pour le court-bouillon :
1 tête de congre
1 oignon, 1 carotte
bouquet garni, sel, poivre
Préparation : 20 mn
Cuisson : 1 h 25

Préparez un court-bouillon avec la tête de congre, l'oignon, la carotte, le bouquet garni, sel, poivre, 2,5 litres d'eau. Faites-le cuire 30 mn. □ Passez le bouillon. Rincez le congre sous l'eau fraîche, épongez-le. Épluchez et coupez tous les légumes en dés. □ Dans un fait-tout, faites fondre dans le beurre salé, tous les légumes, laissez cuire 5 mn sur feu doux en remuant à la cuillère en bois. Mouillez avec le bouillon de poisson, ajoutez le bouquet de persil, couvrez et faites cuire 30 mn à bon feu. □ Au bout de ce temps, ajoutez le congre, aussitôt l'ébullition reprise réduisez le feu et continuez la cuisson 20 mn. □ Au moment de servir, égouttez le poisson, ôtez la peau et les arêtes et détaillez la chair en dés. Remettez-les dans la soupe. Dans une soupière, mettez le reste du beurre. Saupoudrez de menthe fraîche hachée et servez immédiatement.

Notre conseil : *choisissez toujours le morceau de congre placé près de la tête. Vous aurez ainsi moins d'arêtes.*

Sardines farcies

PROVENCE

Pour 6 personnes :
18 belles sardines fraîches
300 g de jambon blanc
300 g de petit salé
1 tasse de lait
100 g de mie de pain
2 paquets de bettes
2 jaunes d'œufs

1 cuillerée à café
de crème d'anchois
chapelure blanche
50 g d'emmenthal
huile d'olive
sel
Préparation : 40 mn
Cuisson : 25 mn

Épluchez les bettes, ne conservez que les feuilles, faites-les blanchir 2 mn dans de l'eau bouillante salée. □ Faites tremper la mie de pain dans le lait chaud. Faites blanchir le petit salé. Hachez le jambon et le petit salé avec les feuilles de bettes et la mie de pain essorée. Ajoutez la crème d'anchois, l'emmenthal râpé, les jaunes d'œufs, mélangez parfaitement cette farce. Faites-la cuire dans une sauteuse avec un peu d'huile d'olive pendant 5 à 8 mn en remuant bien. Laissez-la refroidir. □ Écaillez les sardines, lavez-les, ôtez la tête et, avec un bon couteau, ouvrez-les et ôtez les arêtes. □ Dans un plat à gratin huilé, disposez une couche de sardines ouvertes, côté peau vers le fond du moule. Garnissez chaque sardine d'une grosse cuillerée de farce, recouvrez d'une sardine, cette fois la peau vers le haut. □ Huilez légèrement au pinceau, saupoudrez de chapelure et mettez à four chaud 230º (7 au thermostat) pendant 25 mn environ.

Notre conseil : *ce plat, s'il est un peu long à préparer, est très économique. Vous l'accompagnerez de quelques pommes de terre cuites à l'eau.*

Thon en chartreuse

PROVENCE

Pour 6 personnes :	1 verre à liqueur de chartreuse
1 darne de thon de 1 kg environ	persil, thym
1 laitue, 4 tomates	sel, poivre
3 oignons	2 cuill. à soupe d'huile d'olive
2 citrons	Préparation : 15 mn
1 dl de vin blanc sec	Cuisson : 1 h 30

Versez l'huile dans le fond d'une cocotte ovale. □ Tapissez le fond et les parois de la cocotte de feuilles de laitue, recouvrez d'une couche de rondelles d'oignons, d'une couche de rondelles de tomates et d'une couche de rondelles de citron. Saupoudrez de persil haché et de thym. □ Huilez la darne de thon, posez-la sur les citrons et recouvrez de rondelles de citron, de tomates et d'oignons. Arrosez d'un peu d'huile, du vin blanc et ajoutez le verre à liqueur de chartreuse. □ Faites cuire à four moyen 200º (6 au thermostat) pendant 1 h 30 et à découvert.

Notre conseil : *ce plat original s'accompagne de petites pommes de terre cuites à la vapeur.*

Ttorro

PAYS BASQUE

Pour 6 personnes :	1 cuill. à soupe de concentré
6 grondins portions	de tomate
6 darnes de congre	1 cuill. à café de piment doux
6 grosses langoustines	en poudre
1 tête de congre	1 dl d'huile d'olive
1 litre de moules	6 tranches de baguette grillées
1/2 litre de vin blanc sec	poivre de Cayenne
2 oignons	sel
3 gousses d'ail	Préparation : 30 mn
1 bouquet garni	Cuisson : 1 h 30

Dans un fait-tout avec 2 cuillerées à soupe d'huile d'olive, mettez les oignons émincés, la tête de congre, 2 gousses d'ail écrasées, le bouquet garni. Faites cuire à petit feu pendant 10 mn. Mouillez avec le vin blanc et faites cuire à gros bouillons pour réduire de moitié. Ajoutez alors 2 l d'eau, le concentré de tomate, le piment doux, le cayenne et le sel. Amenez à ébullition, couvrez et faites cuire à feu doux pendant 1 h. □ Passez alors ce bouillon. Grattez et lavez les moules, faites-les ouvrir sur feu vif, ôtez-les des coquilles. Réservez les moules. Farinez les grondins et les darnes de congre, faites-les dorer à la poêle dans le reste de l'huile. Égouttez-les. Faites revenir ensuite les langoustines. □ Dans un grand plat allant au four, disposez les poissons, les langoustines, et arrosez du bouillon. Faites chauffer doucement pour amener à ébullition, puis ajoutez les moules. Recouvrez le plat d'une feuille d'aluminium ménager et tenez-le au chaud à four doux jusqu'au moment de servir. Posez alors sur le dessus les tranches de baguette grillées que vous avez frottées avec la gousse d'ail qui reste.

Notre conseil : *lorsque vous achetez du congre, choisissez toujours la partie la plus près possible de la tête car elle contient moins d'arêtes que du côté de la queue.*

Velouté de moules

BORDELAIS

Pour 6 personnes :	2 jaunes d'œufs
2 l de moules	1 citron
2 échalotes	4 cuillerées à soupe
3 blancs de poireaux	de crème fraîche
2 verres de vin blanc sec	2 cuillerées à soupe
2 carottes	d'huile d'olive
4 gousses d'ail	2 cuillerées à soupe de farine
1 bouquet de persil	sel, poivre du moulin
2 branches de céleri	Préparation : 20 mn
1 branche de fenouil	Cuisson : 30 mn

Grattez les moules, lavez-les rapidement dans plusieurs eaux mais sans les laisser tremper. Mettez-les dans un grand fait-tout, sur feu vif et à couvert. Secouez de temps en temps. □ Au bout de 3 à 4 mn les moules sont ouvertes. Égouttez-les et conservez le jus de cuisson, écoquillez les moules, réservez-les. □ Épluchez et émincez tous les légumes, taillez-les en fins bâtonnets. Hachez le persil. □ Dans une sauteuse, faites fondre tout doucement à l'huile d'olive tous les légumes et le persil, pendant 5 mn environ. Saupoudrez de farine, remuez à la spatule en bois, laissez cuire 3 à 4 mn. Puis mouillez avec 1 litre 1/4 d'eau, le jus de citron décanté des moules et le vin blanc, salez très peu, poivrez. Faites cuire 15 mn. □ Ajoutez les moules, donnez-leur un bouillon. Hors du feu incorporez la crème mélangée aux jaunes d'œufs et au jus de citron, remettez 5 mn sur le feu en remuant. Servez aussitôt.

Notre conseil : *ce potage économique peut être un très bon premier plat au cours d'un dîner élaboré.*

3

Les viandes

Baeckaoffa

ALSACE

Pour 6 personnes :
750 g de gîte de bœuf
750 g d'épaule de mouton
750 g d'échine de porc
1 pied de porc
1 queue de porc
300 g d'oignons
2,5 kg de pommes de terre

4 blancs de poireaux
2 branches de céleri
1 bouteille 1/2 de riesling
1 bouquet garni
sel, poivre du moulin
1 grande terrine en terre
Préparation (la veille) : 20 mn
Cuisson : 3 h

Préparez une marinade avec le riesling, les branches de céleri et 1 oignon émincés, le bouquet garni, sel, poivre. Mettez les viandes dedans et laissez macérer toute une nuit. □ Le lendemain, épluchez les pommes de terre, coupez-les en rondelles, lavez-les à l'eau chaude et égouttez-les. Versez la moitié des pommes de terre dans la terrine, posez dessus le bœuf, le mouton, le porc, la queue et le pied préalablement blanchis, les poireaux, ajoutez le reste des pommes de terre et des oignons émincés. Versez dessus toute la marinade. □ Couvrez la terrine en scellant le couvercle avec un cordon de pâte (farine et eau) et faites cuire à four chaud 200° (6 au thermostat) pendant 3 h. □ Pour servir, sortez les viandes, découpez-les, posez-les sur les pommes de terre et servez dans la terrine.

Notre conseil : *la marinade doit recouvrir le baeckaoffa aux 3/4. Si vous n'avez pas assez de liquide, vous pouvez ajouter du bouillon.*

Blanquette à l'ancienne

ILE-DE-FRANCE

Pour 6 personnes :	2 gros jaunes d'œufs
1,5 kg de tendrons de veau	ou 3 petits
2 oignons	50 g de beurre
5 grains de poivre	40 g de farine
1 sachet de court-bouillon	250 g de crème fraîche
en poudre	1 citron
1/2 bouteille de mâcon blanc	Préparation : 10 mn
250 g de champignons de Paris	Cuisson : 1 h

Dans un grand fait-tout, disposez les morceaux de tendrons, saupoudrez-les de court-bouillon en poudre, mouillez avec 1 litre et demi d'eau et 1 demi-litre de vin blanc. □ Ajoutez les oignons et le poivre. Couvrez. Amenez à ébullition et laissez cuire 40 à 45 minutes. □ Égouttez les morceaux de viande en les posant sur un linge propre. □ Laissez le bouillon dans le fait-tout et faites-le réduire de moitié à feu vif. Passez le bouillon. □ Dans une cocotte, faites un roux avec le beurre et la farine en utilisant un fouet à sauce. □ Ajoutez peu à peu tout le bouillon toujours en remuant. Laissez bouillir doucement 2 à 3 minutes et mettez les morceaux de tendrons dans cette sauce ainsi que les champignons épluchés et citronnés. Couvrez, continuez la cuisson 10 à 15 minutes environ. □ Dans un grand bol, délayez les jaunes d'œufs avec la crème et le jus du citron, incorporez peu à peu à cette préparation 2 louches de sauce, puis versez le tout dans la cocotte. La sauce, à partir de ce moment, ne doit plus bouillir. □ Dressez la viande dans un plat creux, nappez-la de sauce, présentez le reste de sauce en saucière et un légumier de riz créole.

Notre conseil : *si la sauce n'était pas suffisamment liée, incorporez-lui une petite cuillerée de farine délayée avec un peu d'eau froide, avant d'ajouter la crème et les œufs.*

Cœur de veau braisé

ILE-DE-FRANCE

Pour 6 personnes :	1 dl de bouillon
2 cœurs de veau	de volaille
1 kg de carottes,	1 bouquet garni
20 petits oignons	3 gousses d'ail
75 g de beurre	sel, poivre
1 cuillerée à soupe d'huile	Préparation : 10 mn
1/2 bouteille de vin blanc sec	Cuisson : 1 h 20

Ficelez les cœurs pour qu'ils conservent leur forme. □ Dans une grande cocotte, faites-les revenir doucement dans un mélange huile-beurre. □ Ajoutez les oignons épluchés, laissez prendre couleur. □ Mettez alors les carottes joliment taillées, faites-leur prendre également une couleur dorée. □ Ajoutez le bouquet garni, l'ail, sel et poivre, mouillez avec le vin blanc et le bouillon. □ Couvrez et laissez cuire une bonne heure. Pour servir, découpez les cœurs en tranches, entourez-les des légumes et servez la sauce réduite à part.

Notre conseil : *ce plat économique et délicieux est à servir uniquement en famille, certaines personnes n'appréciant pas les abats.*

Côtes de veau Foyot

ILE-DE-FRANCE

Pour 6 personnes :
3 côtes de veau de
350 à 400 g chacune,
prises dans le filet
400 g d'oignons
150 g de beurre

100 g de parmesan râpé
50 g de mie de pain
1,5 dl de vin blanc sec
1,5 dl de bouillon de volaille
Préparation : 25 mn
Cuisson : 45 mn

Demandez à votre boucher de raccourcir l'os des côtes. □ Dans 50 g de beurre, faites fondre sur feu doux les oignons hachés. Faites rapidement dorer, dans 50 g de beurre, les côtes de veau de chaque côté. □ Dans un bol, mélangez la mie de pain et le parmesan. □ Dans le fond d'un plat à gratin, disposez une légère couche d'oignons, posez les côtes dessus, recouvrez-les du reste d'oignons puis du mélange mie de pain-parmesan. □ Mouillez avec le vin blanc et le bouillon, arrosez de 50 g de beurre fondu et faites cuire 45 mn à four moyen 200º (6 au thermostat).

Notre conseil : *la première partie de ce plat peut se faire très à l'avance. Pour servir, découpez les côtes en deux.*

Dindonneau au champagne

CHAMPAGNE

Pour 6 personnes :	1 œuf, 175 g de beurre
1 dindonneau de 2,5 kg environ	1 verre à digestif de cognac
250 g d'oignons, 2 carottes	1 truffe, sel, poivre
1 branche de céleri	300 g de compote d'airelles
1 bouteille de champagne brut	3 cuillerées à soupe
1/4 de litre de crème fraîche	de gelée de groseille
1,5 kg de marrons épluchés	Préparation : 30 mn
250 g de farce fine	Cuisson : 2 h

Taillez cinq fines rondelles dans la truffe, hachez le reste.
□ Faites cuire les marrons 15 mn dans de l'eau bouillante salée, égouttez-les. □ Mettez la farce fine à revenir
dans 50 g de beurre. Mélangez au quart des marrons, la
farce fine, la truffe hachée, l'œuf, le cognac, le sel et le
poivre. Remplissez le dindonneau de cette préparation,
recousez-le et bridez-le. Glissez sous la peau les rondelles de truffe. □ Dans une grande cocotte, faites fondre les
légumes coupés en petits dés dans 50 g de beurre.
Ajoutez la volaille, faites-la blondir délicatement, mouillez
avec le champagne. Salez, poivrez, couvrez et laissez
cuire 1 h 45. Pendant ce temps, faites braiser les marrons en cocotte dans le reste du beurre, salez, poivrez. □
Lorsque la volaille est cuite, sortez-la de la cocotte et
tenez-la au chaud à l'entrée du four. Passez le jus de
cuisson, dégraissez-le et faites-le réduire pour obtenir la
valeur d'1/4 de litre de jus. Ajoutez la crème, laissez
bouillir encore 5 mn. □ Découpez la volaille, dressez les
morceaux sur les marrons, la farce au centre. Servez en
même temps la compote d'airelles tiédie que vous aurez
liée avec la gelée de groseille.
Notre conseil : *pour gagner du temps, vous achèterez
des marrons surgelés, ils sont vendus tout épluchés et
sont généralement d'excellente qualité.*

Garbure aux fèves

BEARN

Pour 6 personnes :	700 g de pommes de terre
1 morceau de confit d'oie	4 gousses d'ail
(aile de préférence)	1 bouquet garni
400 g de lard de poitrine	pain de campagne
300 g de haricots blancs	sel, poivre
2 kg de fèves fraîches	Préparation : 30 mn
2 petits choux nouveaux	Cuisson : 2 h 30

Mettez les haricots blancs dans une casserole, recouvrez-les d'eau froide. □ Amenez doucement à ébullition. Faites cuire 30 mn à petit feu. Égouttez-les. □ Dans un grand fait-tout, versez 5 litres d'eau froide, amenez à ébullition. Jetez dedans les haricots égouttés et le bouquet garni. Faites cuire 1 heure à feu doux. □ Ajoutez alors les pommes de terre, le lard, les fèves écossées, l'ail. Laissez cuire 30 mn. □ Incorporez les choux lavés et émincés et le morceau de confit d'oie. Salez légèrement, poivrez, continuez la cuisson encore 30 mn. □ Dans une soupière, disposez des tranches de pain de campagne rassis, arrosez du bouillon. □ Sur un plat à part, dressez le lard, le confit et les légumes.

Notre conseil : *ce plat merveilleux est le type même du plat unique qui régalera vos amis.*

Gigot au genièvre

ALSACE

Pour 6 personnes :
1 gigot d'agneau
de 2 kg environ
2 dl de bouillon de volaille
1 bouteille de riesling
2 kg de choucroute crue
500 g de lard de poitrine
6 saucisses de Francfort
30 g de saindoux

1 belle couenne
1 oignon piqué de 5 clous
de girofle
thym, laurier
baies de genièvre
sel, poivre
Préparation : 20 mn
Cuisson : choucroute, 2h
gigot 45 mn

Lavez la choucroute deux fois à l'eau. Égouttez-la. Dans une cocotte, faites fondre le saindoux. Tapissez le fond avec la couenne côté gras en dessous. Ajoutez l'oignon piqué de clous de girofle, le thym, le laurier, 12 baies de genièvre. Salez, poivrez. Répartissez la choucroute dans la cocotte. Au centre glissez la poitrine fumée blanchie 5 mn à l'eau bouillante et égouttée. Mouillez avec le riesling. Couvrez, laissez mijoter 2 h. □ Pendant ce temps, piquez le gigot en plusieurs endroits à l'aide d'un couteau pointu. Enfoncez dans chaque ouverture une baie de genièvre. Posez le gigot sur une grille au-dessus de la lèchefrite du four. Mettez à four chaud, chauffé à l'avance, 250º (7 au thermostat) pendant 45 mn, arrosez souvent avec le jus rendu et le bouillon. A mi-cuisson, salez, poivrez, ajoutez 1 cuillerée à soupe de baies de genièvre dans le jus. Plongez les saucisses de Francfort dans l'eau frémissante. Couvrez, interrompez l'ébullition. Laissez reposer 10 mn. □ Quand le gigot est cuit, laissez-le 5 mn dans le four éteint pour qu'il gonfle. Découpez-le sur une planche, gardez les morceaux au chaud, en attente. Déglacez la lèchefrite avec 2 dl d'eau, donnez un bouillon pour réduire de moitié, ajoutez le jus de découpage. □ Dressez la choucroute sur le plat de service chaud. Garnissez-la des tranches de gigot, du lard fumé découpé et des saucisses égouttées. Servez la sauce à part.

Notre conseil : *piquez le gigot de genièvre la veille.*

Jambon au cidre

NORMANDIE

Pour 6 personnes :
1 belle tranche de jambon
de pays désossé
de 3 cm d'épaisseur
500 g d'oignons

125 g de beurre
1 bouteille de cidre
persil, thym
Préparation : 15 mn
Cuisson : 45 mn

Épluchez les oignons, émincez-les, faites-les fondre dans une sauteuse contenant 75 g de beurre bien chaud. Laissez-les blondir légèrement. □ Dans une poêle, faites revenir le jambon sur ses deux faces dans le reste du beurre. Lorsqu'il est revenu, mettez-le dans un plat allant au four. □ Ajoutez les oignons, le bouquet de persil, quelques branches de thym, mouillez avec le cidre. □ Mettez à four chaud 200º (6 au thermostat), laissez cuire doucement.

Notre conseil : *la saveur du plat dépend de la qualité du cidre qui peut être, au choix, sec ou doux.*

43

Joue de bœuf en civet

CHAROLAIS

Pour 6 personnes :
2,2 kg de joue de bœuf
300 g de lard de poitrine fumée
300 g de champignons
20 petits oignons
1 bouteille de bon vin rouge
1 échalote

20 g de saindoux
70 g de beurre
30 g de farine
1 bouquet garni
sel, poivre
Préparation : 15 mn
Cuisson : 3 h 30

Dans une cocotte faites dorer au saindoux la joue de bœuf coupée en morceaux. □ Mouillez avec le vin rouge bouillant. Ajoutez le bouquet garni, l'échalote, sel et poivre. Couvrez et faites cuire à petit feu 3 h. □ Pendant ce temps, coupez le lard en dés que vous ferez blanchir 3 mn dans de l'eau bouillante. Égouttez et épongez. □ Dans une poêle, sans matière grasse, faites dorer doucement les lardons. Égouttez-les et réservez-les. □ Dans le gras qu'ils ont rendu, faites dorer à petit feu les petits oignons entiers, réservez-les. □ Otez le bout terreux des champignons, lavez-les sous l'eau fraîche, épongez-les et coupez-les en quatre. □ Dans une poêle, avec 40 g de beurre, faites-leur rendre leur eau. Lorsqu'ils commencent à dorer, réservez-les. □ 30 mn avant la fin de la cuisson de la viande, versez dans la cocotte les lardons, les champignons et les oignons. □ Dans une assiette, travaillez à la fourchette 30 g de beurre et 30 g de farine. □ Cinq minutes avant de servir, incorporez cette liaison au civet tout en remuant sans arrêt. La sauce va se velouter.

Notre conseil : *si la sauce vous paraît trop liquide, refaites un second beurre manié en respectant bien les proportions : même poids de beurre que de farine.*

Lapin à la cauchoise

NORMANDIE

Pour 6 personnes :
1 gros lapin
5 cuillerées à soupe de crème
3 cuillerées à soupe
de moutarde forte

50 g de beurre
2 dl de vin blanc sec
2 échalotes, sel, poivre
Préparation : **10 mn**
Cuisson : **45 à 50 mn**

Découpez le lapin en morceaux en le désarticulant pour éviter les esquilles. □ Dans une cocotte à fond large, faites fondre le beurre. Lorsqu'il est bien chaud, mettez les morceaux de lapin à revenir sur toutes leurs faces. □ Une fois dorés, ôtez-les de la cocotte, jetez la graisse de cuisson. □ Remplacez-la par 2 cuillerées de crème, remettez les morceaux de lapin, remuez bien pour les enduire de crème, salez, poivrez. Couvrez et faites cuire tout doucement. □ Toutes les 10 minutes ajoutez une cuillerée de crème. □ Dans un bol, délayez la moutarde avec le vin blanc, ajoutez les échalotes finement hachées. □ Versez sur le lapin avec la dernière cuillerée de crème, laissez mijoter encore 15 à 20 minutes. Servez très chaud.

Notre conseil : *vous servirez ce lapin avec des frites ou des petites pommes de terre sautées.*

45

Oie en choucroute

ALSACE

Pour 6 à 8 personnes :	2 cuillerées à soupe
1 oie de 3 kg environ	de graisse d'oie
300 g de foies de volaille	15 baies de genièvre
100 g de jambon de Paris	2 clous de girofle
2,5 kg de choucroute crue	1 œuf
400 g de lard de poitrine fumé	sel, poivre
8 saucisses de Francfort	2 bouteilles de riesling
1 tasse à thé de mie de pain	Préparation : 45 mn
trempée dans du lait	Cuisson de l'oie : 15 mn
2 oignons, 2 échalotes	par livre
25 g de beurre	Cuisson de la choucroute : 3 h

Lavez la choucroute deux fois dans une grande quantité d'eau froide. □ Faites-la blanchir en la plongeant dans beaucoup d'eau bouillante pendant 3 à 4 minutes. Égouttez-la. □ Émincez les oignons, faites-les fondre doucement dans une cocotte contenant la graisse d'oie. □ Ajoutez la choucroute démêlée, le lard fumé, les clous de girofle, le genièvre, le sel et le poivre. Arrosez avec le riesling. □ Hachez les échalotes, faites-les revenir doucement au beurre. □ Ajoutez-leur le jambon et les foies de volaille hachés, laissez juste raidir, liez avec la mie de pain essorée et l'œuf, salez, poivrez. □ Garnissez l'intérieur de l'oie avec cette farce, cousez et ficelez. □ Faites cuire à four moyen 200° (6 au thermostat). A mi-cuisson de l'oie, recueillez le jus de cuisson et versez-le dans la choucroute, remplacez-le par un verre d'eau. □ Piquez les saucisses de Francfort sur toutes leurs faces, plongez-les 10 minutes dans de l'eau bouillante. □ Dressez l'oie découpée sur un lit de choucroute, entourez-la du lard découpé en tranches et des saucisses.

Notre conseil : *la cuisson de la choucroute et du lard peut être faite 24 heures à l'avance, elle y gagnera même en qualité.*

Palette en croûte

VOSGES

Pour 6 personnes :
1 palette de 2 kg environ
1 pot de moutarde forte
3 ou 4 branches d'estragon
sel, poivre

400 g de pâte feuilletée
fraîche ou surgelée
1 jaune d'œuf
Préparation : 20 mn
Cuisson : 2 h

Demandez à votre charcutier de désosser entièrement la palette. □ Piquez-la par places de nombreuses feuilles d'estragon et badigeonnez-la au pinceau, largement, de moutarde. Salez modérément, poivrez. □ Étendez la pâte feuilletée au rouleau en lui donnant la forme d'un grand rectangle, posez le reste d'estragon sur une partie du fond. □ Posez la palette sur la pâte, refermez en paquet en donnant une jolie forme. Dorez au jaune d'œuf et faites une cheminée où vous introduirez un petit carton roulé. Mettez dans le four, allumé 20 mn à l'avance, à 230º (7 au thermostat). □ Lorsque la pâte devient d'un beau doré, réduisez le feu à 200º (6 au thermostat) et recouvrez le dessus de la croûte d'un papier blanc beurré. Comptez en tout 2 heures de cuisson.

Notre conseil : *si vous utilisez de la pâte feuilletée surgelée, n'oubliez pas de la sortir la veille au soir du congélateur et de la mettre dans le bas du réfrigérateur.*

Palette au sauvignon

BORDELAIS

Pour 6 personnes :
1 palette de porc fraîche
de 2 kg environ
1/4 de litre de sauvignon
2 gousses d'ail

2 feuilles de sauge
sel, poivre
50 g de beurre
Préparation : 5 mn
Cuisson : 1 h 50

Laissez la palette entière sans la désosser. Piquez-la par place de petits morceaux d'ail, de feuilles de sauge, salez, poivrez. □ Posez la palette dans un plat allant au four. Allumez celui-ci 15 mn à l'avance à 230º (7 au thermostat). Enfournez le rôti, laissez-le cuire 30 mn, retournez-le, continuez la cuisson 30 mn et réduisez le feu à 180º (5 au thermostat). Laissez cuire encore 30 mn. □ Sortez le plat du four, ôtez la palette et jetez le gras, remplacez-le par le vin blanc. □ Mettez le plat sur feu vif et amenez à ébullition en grattant bien le fond à la fourchette. Remettez la palette et faites cuire encore au four, toujours à 180º, pendant 20 mn. □ Pour servir, dressez la viande sur un plat chaud. Incorporez à la sauce, hors du feu, le beurre en parcelles en battant à la fourchette. Servez la sauce en saucière.

Notre conseil : *la palette de porc est un morceau délicat, rarement utilisée fraîche, commandez-la.*

Palombes rôties

LANDES

Pour 6 personnes :	1/2 dl d'armagnac
3 belles palombes	100 g de beurre
50 g de graisse d'oie	Préparation : 15 mn
3 tranches de pain de mie	Cuisson : 25 mn

Demandez au volailler de vider les palombes, en réservant les foies et les gésiers. Faites-les barder et ficeler. □ Badigeonnez-les légèrement de graisse d'oie, salez, poivrez. Posez les palombes sur la grille du four, lèchefrite en dessous. Mettez à cuire 20 à 25 mn environ à four chaud 250° (7-8 au thermostat). □ Hachez finement foies et gésiers, faites-les revenir doucement à la graisse d'oie pendant 8 mn. Mouillez de quelques gouttes d'armagnac et passez le tout à la moulinette pour obtenir une crème. □ Faites dorer les tranches de pain de mie dans le beurre et tartinez-les avec la crème foies-gésiers, gardez au chaud. □ Déglacez le jus de cuisson des palombes avec le reste de l'armagnac, donnez un ou deux bouillons. Dressez sur le plat de service chaud en posant chaque volaille sur un canapé. Accompagnez-les de petits pois et servez la sauce en saucière.

Notre conseil : *vous utiliserez de préférence des petits pois surgelés que vous préparerez comme des frais.*

Paupiettes aux pruneaux

ARTOIS

Pour 6 personnes :	2 cuill. à soupe d'huile
6 grillades de porc	25 g de beurre
500 g de pruneaux	sel,
1/2 l de bière blonde	poivre du moulin
3 tranches de jambon cuit	1 bouquet garni
100 g de crème fraîche	Préparation : 20 mn,
2 cuill. à soupe de gelée	2 heures à l'avance
de groseilles	Cuisson : 50 mn

Faites tremper les pruneaux 2 heures dans la bière. Aplatissez les grillades et donnez-leur une forme rectangulaire. Sur chaque grillade posez une demi-tranche de jambon et 2 pruneaux égouttés et dénoyautés. Roulez en paupiettes, ficelez. □ Faites chauffez l'huile et le beurre dans une sauteuse, mettez les paupiettes à dorer sur toutes les faces. Salez, poivrez, ajoutez le bouquet garni et mouillez avec la bière. Couvrez, faites cuire 40 mn, à feu moyen. □ Dix minutes avant la fin de la cuisson, incorporez les pruneaux. Otez les paupiettes, tenez-les au chaud au four, porte entrouverte. Si la sauce est trop importante, faites-la réduire d'un quart. □ Ajoutez encore la gelée de groseilles et la crème fraîche. Donnez un tour de bouillon en battant au fouet à sauce. Dressez les paupiettes dans un plat creux, nappez-les de sauce aux pruneaux.

Notre conseil : *vous pouvez présenter en même temps des pommes à l'anglaise. □ Comme boisson vous choisirez une bière de qualité.*

Poule en gelée

GASCOGNE

Pour 6 personnes :	sel, poivre
1 poule parée et bridée	bouquet garni
1 pied de veau	1 dl de vin blanc sec
200 g de lard de poitrine fumé	1 cl d'armagnac
2 carottes	Préparation : 25 mn,
3 oignons,	24 h à l'avance
1 gousse d'ail	Cuisson : 3 h 30

Mettez le pied de veau à tremper sous l'eau courante. Épluchez les carottes et les oignons, coupez-les en rondelles. Mettez-les dans un fait-tout avec la gousse d'ail épluchée, le bouquet garni, le lard coupé en dés et le pied de veau ouvert en deux. Salez, poivrez. Mouillez avec 3 litres d'eau froide. Portez à ébullition. Faites cuire 30 mn. □ Ajoutez la poule, laissez frémir 3 heures. A mi-cuisson ajoutez le vin blanc et 30 mn avant la fin de la cuisson ajoutez l'armagnac. Sortez la poule du pot, laissez-la égoutter. □ Découpez-la, ôtez la peau. Dressez les morceaux dans un récipient creux. Disposez les lardons autour. Passez le bouillon à travers un chinois, laissez-le reposer. Dégraissez-le. Versez-le sur les morceaux de poule et mettez au moins une nuit au réfrigérateur. Démoulez sur un lit de feuilles de laitue.

Notre conseil : *servez cette poule en gelée accompagnée d'un plat de frites.*

51

Poule au riz

ILE-DE-FRANCE

Pour 6 personnes :
1 belle poule de 2 kg environ
1 sachet de court-bouillon
400 g de riz long
Pour la farce :
200 g de foies de volaille
30 g de beurre
1 tranche de jambon de Paris
de 1 cm d'épaisseur
3 tranches de pain de mie

2 dl de lait, 1 œuf
sel, poivre, noix de muscade
1 bouquet de persil
1 échalote, 2 gousses d'ail
Pour la sauce :
3 jaunes d'œufs
50 g de beurre, 30 g de farine
150 g de crème fraîche, 1 citron
Préparation : 30 mn
Cuisson : 2 h 30

Videz la poule, ôtez la graisse et ajoutez son foie aux autres foies de volaille. □ Dans une poêle, avec 30 g de beurre, faites-les juste raidir, hachez-les ainsi que le jambon, les échalotes, l'ail et le persil. Ajoutez à cette farce le pain de mie trempé dans le lait et essoré, l'œuf entier, poivrez, saupoudrez d'un peu de noix muscade râpée, mélangez. Fourrez l'intérieur de la poule avec cette farce, recousez-la. □ Déposez la poule dans une grande cocotte, saupoudrez-la du court-bouillon en poudre, ajoutez 3 à 4 litres d'eau et amenez à ébullition, écumez, couvrez et faites cuire 2 h 30 environ. □ Prélevez 1 litre 1/2 de bouillon, dégraissez-le et faites-le réduire de moitié. □ Dans une casserole, faites fondre le beurre, saupoudrez de farine, mélangez et laissez cuire ce roux quelques instants. Hors du feu, mouillez avec le bouillon, mélangez rapidement au fouet à sauce. Remettez sur le feu, laissez cuire 5 mn toujours en tournant. □ Au moment de servir, délayez dans un bol la crème, les jaunes d'œufs et le jus de citron. Versez dans la sauce, laissez chauffer sans bouillir. □ Découpez la poule, dressez les morceaux tout autour du plat de service, mettez la farce au centre. Apportez en même temps le riz cuit à la créole et la sauce servie bien chaude.

Notre conseil : *pour dégraisser le bouillon à chaud, passez-le à travers une passoire fine recouverte d'un linge humide pour retenir les graisses.*

Poulet en terrine

BRESSE

Pour 6 personnes :	1 sachet de gelée en poudre
1 gros poulet	3 cl de cognac
500 g de foies de volaille	75 g de crème fraîche
1 truffe	150 g de beurre
1 sachet de court-bouillon	Préparation (la veille) : 25 mn
en poudre	Cuisson (la veille) : 1 h 10

Demandez à votre volailler de vider et de brider le poulet. □ Posez-le dans une cocotte, saupoudrez de court-bouillon, mouillez de 2 litres d'eau, amenez à ébullition, maintenez-le doucement pendant 1 h 10. □ Égouttez le poulet, ôtez la peau et détaillez la chair en lamelles. □ Dans une poêle et dans 50 g de beurre, faites raidir les foies. Passez-les à la moulinette, ajoutez-leur le reste du beurre sorti à l'avance du réfrigérateur, la crème fraîche, le cognac et les 3/4 de la truffe hachée, mélangez. □ Préparez la gelée selon les indications portées sur l'emballage, versez-en 1/2 cm dans le fond d'un moule à cake, mettez à prendre au réfrigérateur. Sortez le moule, décorez le fond de gelée de rondelles de truffes, de lamelles de poulet puis de crème de foies. Continuez ainsi en superposant poulet et crème de foies jusqu'en haut du moule. Comblez les vides avec la gelée. Tenez au réfrigérateur une nuit. □ Démoulez sur le plat de service, décorez du reste de gelée, une partie hachée en petits morceaux, l'autre découpée en triangles.

Notre conseil : *ce plat peut se préparer 48 h à l'avance. Il peut se servir en entrée ou figurer sur un buffet de fête.*

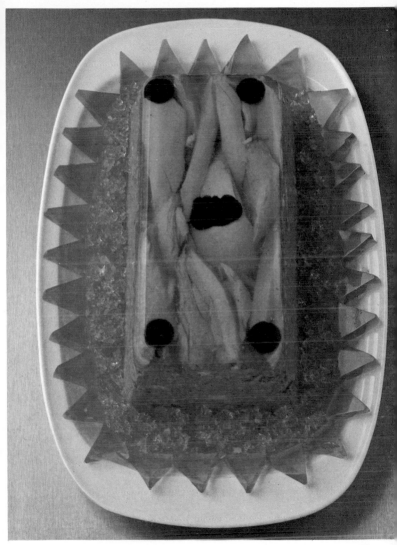

Rillettes de poule

BRESSE

Pour 1 terrine de 2,5 litres :
2 poules de 2 kg chacune
1 kg de lard de poitrine
demi-sel
1 bouteille de mâcon blanc
0,75 litre d'eau
150 g de graisse d'oie

100 g de saindoux
4 branches de thym
1 feuille de laurier
sel,
poivre du moulin
Préparation : 15 mn
Cuisson : 4 h

Découpez chaque poule en 8 morceaux. Otez la couenne du lard et réservez-la. Coupez le lard en gros dés. □ Dans un fait-tout, mettez les poules, le lard, la couenne, le vin blanc, l'eau, le thym, le laurier, un peu de sel et du poivre. Si cela est nécessaire, mettez un peu plus d'eau que prévu car les viandes doivent être complètement recouvertes de liquide. Couvrez, amenez à ébullition et maintenez-la doucement 4 heures. □ 30 mn avant la fin de la cuisson, ajoutez la graisse d'oie. Avec l'écumoire, sortez les morceaux de poule et de lard, retirez la peau et les os des volailles. Faites réduire le bouillon de cuisson de moitié. □ Hors du feu, remettez les viandes dans le bouillon et mélangez à la fourchette ou au fouet électrique. Laissez tiédir et remplissez la terrine. □ Une fois refroidies, recouvrez les rillettes d'une légère couche de saindoux fondu.

Notre conseil : *vous pouvez préparer aussi plusieurs petites terrines, les rillettes se conserveront mieux.*

54

Ris de veau aux raisins

BORDELAIS

Pour 6 personnes :	50 g de beurre
1 ris de veau de 800 à 900 g	farine
15 grains de raisin blanc	125 g de crème fraîche
15 grains de raisin noir	sel, poivre du moulin
10 olives vertes dénoyautées	Préparation : 25 mn, après avoir
10 olives noires dénoyautées	fait dégorger 2 h
1/4 de litre de sauternes	Cuisson : 35 mn

Mettez le ris de veau à dégorger dans de l'eau froide au moins 2 heures. □ Pendant ce temps, épluchez les raisins et faites-les macérer dans le sauternes. □ Mettez le ris de veau dans une casserole, recouvrez-le d'eau froide et amenez doucement à ébullition. Maintenez-la 5 mn. Égouttez le ris. Rincez-le à l'eau fraîche, ôtez les peaux et parties graisseuses. □ Coupez le riz en escalopes, salez, poivrez. Passez chaque escalope dans la farine, secouez pour ôter l'excédent. □ Dans une sauteuse, faites fondre le beurre à feu doux, mettez les escalopes de ris, laissez blondir sur les deux faces, mouillez avec le sauternes, couvrez et faites cuire à feu doux 25 mn. □ 5 mn avant la fin de la cuisson, ajoutez les raisins et les olives. □ Disposez le ris de veau sur le plat de service, tenez au chaud à l'entrée du four. □ Faites réduire la sauce d'un tiers et incorporez la crème. Versez sur le ris de veau.

Notre conseil : *un plat délicat mais un peu cher que vous réserverez pour un repas important. □ Vous pouvez naturellement l'accompagner du même sauternes qui a servi à la cuisson.*

Rôti de veau aux olives

PROVENCE

Pour 6 personnes :
1,500 kg de noix de veau
500 g de champignons de Paris
250 g d'olives noires
2 gousses d'ail
thym, romarin

1 dl de vin blanc sec
sel, poivre du moulin
huile d'olive, 1 citron
Préparation : 15 mn
1 h à l'avance
Cuisson : 1 h 30

Dans un plat, effeuillez le thym, le romarin, salez, poivrez, arrosez de 2 cuillerées à soupe d'huile d'olive. Roulez le rôti dedans et laissez-le macérer au moins 1 h en le retournant plusieurs fois. □ Dans une grande poêle, faites dorer le rôti sur toutes ses faces. Aussitôt doré, transvasez-le dans une cocotte, ajoutez l'ail écrasé, saupoudrez d'un peu de thym, mouillez avec le vin blanc, couvrez et faites cuire à four chaud 200° (6 au thermostat) pendant 1 h 30 environ. □ Pendant ce temps, dénoyautez les olives, plongez-les 2 mn dans de l'eau bouillante, laissez-les en attente. □ Otez le bout terreux des champignons, lavez-les sous l'eau courante et rincez-les au citron. Épongez-les, coupez-les en lamelles et faites-les poêler dans 2 cuillerées à soupe d'huile d'olive. Au bout de 1 h 20 de cuisson du rôti, ajoutez les olives et les champignons. Laissez cuire encore 10 mn.

Notre conseil : *servez ce rôti entouré des olives et des champignons, présentez des tomates cuites à la provençale en légume d'accompagnement.*

Saucisse au coulis

LANGUEDOC

Pour 6 personnes :
6 fois 15 cm de saucisse
de Toulouse
ou 6 saucisses individuelles
750 g de tomates fraîches
500 g d'oignons nouveaux

5 gousses d'ail
3 cuillerées à soupe d'huile
25 g de beurre
sel, poivre
Préparation : 15 mn
Cuisson : 35 mn

Émincez la moitié des oignons, faites-les dorer douce-ment dans 2 cuillerées d'huile. □ Ajoutez les tomates épluchées, égrenées et concassées, les gousses d'ail écrasées, du sel, du poivre. □ Laissez mijoter 25 minutes à feu doux. Passez la sauce au tamis. □ Coupez le reste des oignons en deux ou en quatre, faites-les cuire doucement 15 à 20 minutes dans le beurre, salez, poi-vrez. □ Enroulez la saucisse dans la poêle, posée dans le reste d'huile chaude faites-la cuire à feu modéré environ 35 minutes afin qu'elle dore des deux côtés. □ Cinq minutes avant la fin de la cuisson ajoutez les oignons et leur jus dans la poêle. □ Égouttez la saucisse, versez le jus de cuisson dans le coulis de tomate. □ Servez nappé du coulis et entouré des oignons. Dégustez avec des pommes vapeur.

Notre conseil : *n'oubliez pas de piquer la saucisse sur ses deux faces pour qu'elle n'éclate pas.*

Stufatu

CORSE

Pour 6 personnes :	3 gousses d'ail
1 kg de bœuf dans le gîte	1 bouquet garni, sel, poivre
400 g de jambon fumé	750 g de pâtes fraîches
1 bouteille de vin blanc sec	(lasagne ou tagliatelle)
1 dl d'huile d'olive	100 g de parmesan râpé
6 oignons, 2 tomates	Préparation : 20 mn la veille
1 bouquet de persil	Cuisson : 4 h 30

La veille, coupez 150 g de jambon en tout petits dés, roulez-les dans le persil haché. Piquez la viande par place avec une gousse d'ail coupée en éclats et les dés de jambon. Mettez la viande ainsi préparée dans un plat en terre. Arrosez de vin blanc, d'1 cuillerée à soupe d'huile, ajoutez le bouquet garni, 2 gousses d'ail écrasées, 1 oignon émincé, sel et poivre. □ Le lendemain, ôtez la viande de la marinade, épongez-la, coupez-la en dés. Dans une cocotte, faites fondre dans de l'huile les oignons émincés et le reste du jambon coupé en fines tranches. Dès que cela commence à prendre couleur, mettez le bœuf et laissez dorer quelques instants. Ajoutez les tomates pelées, épépinées et coupées en quartiers. Passez la marinade à la moulinette grille fine, versez-la dans la cocotte. Laissez cuire doucement à découvert 30 mn. Ajoutez alors 2,5 litres d'eau tiède, salez, poivrez et faites cuire doucement 4 h. □ Au bout de ce temps, retirez à l'écumoire tout ce qui est dans la sauce (vous en ferez une farce ou un hachis le lendemain), ne conservez que le jus. Maintenez-le au chaud. □ Faites cuire les pâtes fraîches dans une grande quantité d'eau bouillante salée. Égouttez-les et versez-les dans une terrine avec 2 louches de sauce pour les faire gonfler. Dans une soupière tenue au chaud au bain-marie, versez d'abord un peu de sauce, ajoutez une couche de pâtes puis une couche de fromage. Remplissez ainsi toute la soupière et mélangez.

Notre conseil : *ce plat se déguste à la cuillère.*

58

Terrine de poulet aux herbes

BRESSE

Pour 6 personnes :	1,5 dl de crème fraîche
1 poulet de 2,200 kg environ	1 verre à liqueur de cognac
250 g de jambon de Paris	1 gros bouquet de persil
300 g de lard maigre frais	1 gros bouquet d'estragon
400 g d'épaule de veau désossée	1 gros bouquet de ciboulette
1 barde de lard,	sel, poivre
2 œufs	Préparation : 30 mn
	Cuisson : 1 h

Hachez finement le jambon, le lard et le veau. Mélangez la crème fraîche et les œufs, ajoutez cognac, sel, poivre et versez le tout dans le hachis, remuez. □ Désossez le poulet, coupez la chair en lanières de 10 à 15 cm de longueur et 1 cm d'épaisseur. □ Tapissez le fond d'une terrine avec une partie de la barde. Déposez dessus une couche de hachis puis une couche de poulet, saupoudrez abondamment des herbes hachées mélangées. Recommencez l'opération, terminez par du hachis et par des croisillons de barde. Fermez la terrine, posez-la dans un plat creux allant au four et contenant de l'eau chaude. Faites cuire à four moyen 200º (6 au thermostat) pendant 1 heure. □ Laissez refroidir au moins 12 h. Servez découpé en tranches.

Notre conseil : *cette excellente terrine se sert en entrée, mais accompagnée d'une salade verte elle devient un plat complet. □ Vous la servirez avec un brouilly ou un vin de Cahors.*

59

Veau vapeur

PROVENCE

Pour 6 personnes :
1 kg d'épaule de veau
dégraissée et dénervée
2 bottes de petits oignons blancs
1 sachet de bouillon de poule
2 branches de thym
1 feuille de laurier
1 bouquet de basilic
sel, poivre

Pour la sauce
6 pots de yaourts
1 bouquet de basilic
2 gousses d'ail
1 cuillerée à café d'huile d'olive
sel, poivre, 1 citron
1 marmite à vapeur
Préparation : 20 mn
Cuisson : 2 heures

Coupez l'épaule de veau en gros dés. Salez et poivrez la viande. □ Dans le bas de la marmite, faites bouillir 2,5 l d'eau avec le bouillon de poule en poudre, le thym, le laurier, le basilic. Posez dessus le haut de la marmite et rangez-y les morceaux de viande. Couvrez. Laissez cuire 1 heure. □ Ajoutez les oignons blancs, laissez cuire encore 1 heure. Pendant ce temps, passez au mixer l'ail et les feuilles de basilic, hachez les queues des oignons. Versez tous les yaourts dans un bol, ajoutez ail, basilic, queues d'oignons, le jus du citron, sel et poivre. Donnez encore 2 tours de mixer. □ Servez le veau accompagné d'un peu de riz cuit à la créole, présentez la sauce à part.

Notre conseil : *le veau à la vapeur bien parfumé est le type même d'une cuisine légère pour être en forme.*

4

Les
desserts

Abricots meringués

ROUSSILLON

Pour 6 personnes :	500 g d'abricots frais
100 g de riz rond	325 g de sucre semoule
1/2 l de lait	1 cuillerée à soupe
1 gousse de vanille	de sucre glace
2 œufs,	Préparation : 30 mn
30 g de beurre	Cuisson : 60 mn

Versez le riz dans une passoire et lavez-le à l'eau chaude. Jetez-le dans de l'eau bouillante, laissez 3 mn sur le feu. Égouttez-le. □ Faites bouillir le lait avec la vanille, versez-y le riz, couvrez et faites cuire 40 à 45 mn à très petits bouillonnements. A mi-cuisson ajoutez 100 g de sucre. □ Lorsque le riz est cuit, laissez-le refroidir un instant et incorporez délicatement les 2 jaunes d'œufs. Versez le riz dans un plat de service allant au four. □ Préparez la compote d'abricots : coupez les fruits en deux, retirez les noyaux. Faites fondre le beurre dans une casserole, mettez-y à dorer les abricots, laissez cuire 5 mn. Versez la compote sur le riz. □ Battez les blancs en neige ferme, incorporez-leur le reste du sucre en les soulevant délicatement à l'aide d'une spatule. Nappez les abricots avec les blancs battus, en utilisant si possible la poche à douille pour la beauté du plat. Saupoudrez de sucre glace. Faites dorer à four doux 15 mn (150°, 4/5 au thermostat) et 5 mn à four plus chaud (250°, 7 au thermostat).

Notre conseil : *ce dessert se sert chaud, froid ou tiède.*

Biscuit au marc

BOURGOGNE

Pour 6 à 7 personnes :	1/2 sachet de levure chimique
5 œufs	50 g de raisins secs
200 g de sucre	3 cuillerées à soupe
150 g de crème fraîche	de marc de Bourgogne
300 g de farine	Préparation : 15 mn
50 g de beurre	Cuisson : 40 mn

Commencez par faire macérer les raisins dans le marc, 30 mn environ. □ Dans une terrine, travaillez au fouet à sauce les œufs entiers et le sucre. Ajoutez la crème, mélangez encore. □ Incorporez la farine petit à petit, puis le beurre juste fondu et la levure, travaillez encore. Ajoutez les raisins et l'alcool. □ Beurrez et farinez légèrement un moule à manqué, garnissez-le de pâte et mettez à four moyen 200° (5/6 au thermostat) pendant 35 à 40 mn. □ Vérifiez la cuisson à l'aide d'une lame de couteau qui doit ressortir sèche. Démoulez sur une grille. Laissez refroidir le gâteau.

Notre conseil : *ce gâteau peut être servi en dessert mais vous l'apprécierez aussi au petit déjeuner ou au goûter. Accompagnez-le de confitures ou de miel.*

Charlotte Montmorency

ILE DE FRANCE

Pour 6 personnes :	150 g de gelée de groseilles
200 g de biscuits à la cuillère	4 cl de kirsch
1/2 litre de crème glacée	100 g de crème fraîche
à la vanille	30 g de sucre glace
1 litre ou une boîte 4/4	Préparation : 25 mn
de cerises au sirop	Pas de cuisson.

Égouttez les cerises à fond. □ Faites tiédir la gelée de groseilles. Ajoutez-la aux cerises, parfumez avec le kirsch, mélangez. □ Tapissez un moule à charlotte de biscuits à la cuillère, sans les imbiber. Posez la partie bombée des biscuits contre le fond et les parois du moule. Garnissez l'intérieur avec une couche de glace, une couche de cerises, une autre couche de glace. Tassez bien, recouvrez de biscuits à la cuillère et mettez la charlotte au congélateur pendant 3 h environ. □ Trente minutes avant de la servir, sortez la charlotte du congélateur. Décorez-la à l'aide d'une poche à douille de crème battue en chantilly avec le sucre glace. Tenez la charlotte au frais dans le bas du réfrigérateur jusqu'au moment de servir. □ Présentez en même temps, le reste de cerises en saucière.

Notre conseil : *avant de garnir la charlotte, prenez soin de sortir la glace du congélateur et de la garder 30 mn environ dans le réfrigérateur, sinon elle serait trop dure et vous auriez du mal à la tasser.*

63

Confiture griottes-fraises

ALSACE

Pour 8 pots de 500 g environ : 3 kg de cerises griottes 400 g de fraises	3 kg de sucre 40 g de gélifiant Préparation : 15 mn Cuisson : 20 à 25 mn environ

Équeutez les cerises et les fraises, dénoyautez les cerises. □ Essuyez les fruits dans un linge et versez-les dans la bassine à confiture avec 1 verre d'eau, couvrez et amenez à ébullition en remuant de temps en temps puis couvrez. □ Dans un bol, mélangez le gélifiant avec 100 g de sucre et versez-le sur les fruits. □ Faites reprendre l'ébullition, maintenez-la 2 mn en remuant. Ajoutez tout le reste du sucre, ramenez à nouveau à ébullition, maintenez-la encore 2 mn. Versez la confiture dans les pots.

Notre conseil : *cette confiture ne prend pas, c'est pourquoi il faut lui ajouter un gélifiant. Celui-ci a également un autre avantage, il réduit le temps de cuisson et permet aux fruits de garder toute leur saveur.*

Confiture de mirabelles

LORRAINE

4 kg de mirabelles	3 citrons
3 kg de sucre cristallisé	Préparation : 30 mn
	Cuisson : 45 mn

Essuyez les mirabelles, ôtez les queues et les noyaux. □ Dans la bassine à confiture, versez le sucre et mouillez d'eau juste à hauteur. Amenez à ébullition et maintenez-la 5 mn. Versez alors les mirabelles et le jus des 3 citrons. Attendez la reprise de l'ébullition. □ Au bout de 10 mn, ôtez les mirabelles en les égouttant dans une passoire. Continuez la cuisson du sirop jusqu'à ce qu'il tombe en fil de l'écumoire. □ Remettez les fruits et comptez encore 15 mn de cuisson après la reprise de l'ébullition. □ Mettez en pots et laissez refroidir la confiture avant de boucher les pots.

Notre conseil : *les pots à confiture doivent être lavés avec soin et parfaitement essuyés.*

Crêpes de La Rochelle

CHARENTES

Pour 6 personnes :	2 oranges
300 g de farine, 3 œufs	1 dl de cognac
50 g de beurre fondu	1 pincée de sel
1/2 litre de lait	Préparation : 15 mn
1/4 de litre d'eau	Cuisson : 3 mn environ
50 g de sucre	par crêpe

Lavez les oranges à la brosse, râpez le zeste d'une orange, pressez le jus des deux oranges. □ Dans une grande terrine, versez la farine, au centre faites une fontaine. □ Mettez les œufs entiers, le sucre, le sel, commencez à mélanger en utilisant un fouet à sauce et délayez avec le lait, puis avec l'eau. La pâte doit être légère. □ Incorporez encore le beurre fondu, le jus des oranges et le zeste. □ Faites cuire les crêpes à la poêle et à l'huile, tenez-les au chaud dans le four, porte ouverte. □ Au moment de servir pliez les crêpes en quatre, posez-les dans un plat en métal, arrosez de cognac chaud et flambez.

Notre conseil : *pour gagner du temps, faites cuire les crêpes en utilisant deux ou trois poêles.*

Figues en confit

PROVENCE

Pour 5 pots de 500 g :
1,500 kg de figues blanches
pas très mûres
1 kg de sucre en morceaux

1 bâton de vanille
le jus de 2 citrons
Préparation : 15 mn
Cuisson : 1 h 30 environ

Essuyez les figues avec un linge et retirez sur chaque fruit 3 ou 4 lanières de peau en prenant soin de ne pas les déchirer, les fruits doivent rester intacts. □ Dans la bassine à confiture, mettez le sucre, le jus des citrons, la vanille, 1/4 de litre d'eau. □ Amenez à ébullition et, lorsque le sirop fait en surface des petites bulles, ajoutez les figues cinq par cinq. □ Lorsque tous les fruits sont mis, maintenez une petite ébullition jusqu'à ce qu'ils deviennent transparents mais en restant entiers. Il faut environ 1 h 30 de cuisson, sans remuer. Écumez plusieurs fois. □ Lorsque les figues sont cuites, ôtez la vanille et mettez en pots.

Notre conseil : *si les figues sont trop mûres, procédez comme pour la confiture de fraises, en sortant les fruits deux ou trois fois au cours de la cuisson et en faisant réduire le sirop à chaque fois.*

Flan d'abricots Bourdaloue

ARDÈCHE

Pour 6 à 8 personnes :	**Pour la garniture :**
Pour la pâte : 200 g de farine	750 g d'abricots
100 g de beurre, 25 g de sucre	100 g de sucre, 20 g de beurre
1/2 verre d'eau, 1 pincée de sel	1 verre d'eau,
Pour la crème :	10 amandes émondées
100 g de sucre	50 g de macarons secs
40 g de farine, 1 œuf, 2 jaunes	**Pour la sauce :**
3 dl de lait, 20 g de beurre	200 g de marmelade d'abricots
1/2 gousse de vanille	2 cuillerées à soupe de kirsch
1 gros macaron sec	Préparation : 45 mn
1 cuillerée à soupe de kirsch	Cuisson : 50 mn

Préparez une pâte brisée. Étalez-la au rouleau et garnis-sez-en un moule à tarte légèrement beurré. Placez sur la pâte du papier sulfurisé rempli de petits cailloux. Faites cuire 15 mn à four chaud 200º (6 au thermostat). □ Otez papier et cailloux. Dans une terrine, mélangez la farine tamisée et le sucre avec l'œuf entier et les jaunes. Délayez avec le lait chaud parfumé à la vanille. Mettez la crème sur feu doux, faites prendre en remuant jusqu'à ébullition et maintenez-la 2 mn. □ Hors du feu, incorpo-rez le macaron pilé, le kirsch, mélangez, parsemez de noisettes de beurre. Laissez refroidir. □ Lavez et coupez les abricots en deux, mettez-les dans une casserole, ajoutez l'eau et le sucre. Faites-les pocher quelques instants. Ils doivent rester fermes. Égouttez-les, laissez-les refroidir, réservez le sirop. □ Remplissez le fond de tarte de crème pâtissière, posez dessus les demi-abricots pochés et les amandes. Saupoudrez le dessus du gâteau des macarons finement écrasés. Arrosez de beurre fondu et faites gratiner à four chaud 230º (7 au thermostat) pen-dant 10 mn. □ Passez la marmelade d'abricots au tamis, allongez-la du sirop de cuisson des abricots et du kirsch. Servez à part cette sauce chaude accompagnant ce flan.

Notre conseil : *fond de tarte, crème pâtissière et abricots peuvent être faits la veille. Vous n'aurez plus, le jour même, qu'à composer la tarte et à la passer au four.*

Flan aux fraises

BRETAGNE

Pour 6 personnes :	30 g de farine
250 g de fraises	1 gros œuf ou 2 petits
Pour la pâte :	30 g de beurre
250 g de farine, 125 g de beurre	75 g de sucre en poudre
75 g de sucre	1 sachet de sucre vanillé
1 œuf, 1 pincée de sel	Préparation : 20 mn
Pour la garniture :	+ 1 heure de repos
1/4 de litre de lait	Cuisson : 25 mn

Sur la planche, travaillez le beurre avec le sucre et le sel pour obtenir une pommade. Ajoutez l'œuf entier, travaillez jusqu'à ce que le mélange devienne homogène. □ Versez la farine d'un seul coup sur la planche. Mélangez rapidement et pétrissez la pâte en la fraisant avec la paume de la main pour qu'elle absorbe toute la farine. □ Travaillez toujours la pâte en la coupant en morceaux que vous superposez les uns sur les autres. Faites-en une boule et laissez reposer une heure au frais. Étendez-la alors au rouleau sur 1/2 cm d'épaisseur. □ Beurrez une plaque à tarte, étendez la pâte, recouvrez-la d'une feuille de papier sulfurisé garnie de haricots secs. □ Enfournez à four moyen 200° (6 au thermostat) chauffé à l'avance, faites cuire 20 mn environ. □ Sortez la pâte du four, retirez le papier et les haricots. □ La garniture : travaillez le sucre et l'œuf dans une casserole, battez au fouet à sauce en ajoutant la farine tamisée. □ Ajoutez petit à petit le lait bouillant vanillé. Mettez la casserole sur le feu et amenez à ébullition en tournant. □ Retirez la casserole du feu, ajoutez le beurre en parcelles. Mélangez. □ Lavez et équeutez les fraises, disposez-les sur la pâte et recouvrez de la crème tiède. Passez l'ensemble 5 mn au four très chaud.

Notre conseil : *ce flan se sert aussi bien tiède que froid.*

Galopins

ARTOIS

Pour 6 personnes :
300 g de pain brioché
(pesé une fois écroûté)
3/4 de litre de lait
5 œufs

1 dl de rhum
125 g de beurre
sucre semoule
Préparation : 15 mn
Cuisson : 30 mn

Coupez le pain brioché écroûté en tranches fines ; mettez-les dans un saladier. □ Faites bouillir le lait, versez-le bouillant sur le pain qui doit s'en imprégner complètement. Écrasez-le alors à la fourchette jusqu'à ce qu'il soit réduit en bouillie. □ Battez les œufs en omelette, versez-les sur le pain, parfumez avec le rhum, mélangez au fouet. □ Prélevez de petites quantités de cette pâte et faites-les cuire au beurre, à la poêle, exactement comme des crêpes un peu épaisses. Pour les retourner facilement, utilisez une spatule en métal. □ Servez chaud, largement saupoudré de sucre semoule.

Notre conseil : *il est indispensable pour faire tremper le pain brioché que le lait soit versé dessus bouillant.*

Gâteau surprise

LYONNAIS

Pour 6 personnes :	1 litre de glace au chocolat
8 œufs	1 dl de Grand-Marnier
200 g de sucre semoule	10 g de beurre
100 g de poudre d'amandes	1 cuill. à soupe de farine
100 g de Maïzena	Préparation : 30 mn
100 g de chocolat à croquer	Cuisson : 45 mn

Dans une terrine, travaillez au fouet électrique, 4 jaunes d'œufs et 100 g de sucre, jusqu'à ce que le mélange fasse le ruban. Ajoutez 50 g de chocolat fondu à feu doux. Mélangez et incorporez, en travaillant à la spatule en bois, la poudre d'amandes, la Maïzena tamisée et 4 blancs d'œufs battus en neige ferme. Versez cette préparation dans un moule à manqué beurré et fariné. □ Faites cuire à four doux 180° (5 au thermostat) pendant 40 mn. Démoulez le gâteau sur une grille, laissez-le refroidir, coupez-le en deux disques. Creusez-les avec une cuillère, imbibez-les légèrement de Grand-Marnier. □ A la spatule étendez une épaisse couche de glace au chocolat sur le disque qui sert de fond, recouvrez le tout du second disque. Mettez au congélateur. □ Battez 4 jaunes d'œufs avec 100 g de sucre, ajoutez 50 g de chocolat fondu puis les blancs d'œufs battus en neige ferme en mélangeant à la spatule. □ Sortez le gâteau du congélateur, recouvrez-le de cet appareil. Placez-le dans le bas du four, gril allumé, porte ouverte. Surveillez et aussitôt que le dessus commence à faire une croûte, sortez le gâteau, arrosez-le de quelques gouttes de Grand-Marnier et servez immédiatement.

Notre conseil : *pour gagner du temps, vous pouvez préparer le biscuit la veille. N'oubliez pas de sortir la glace du congélateur 20 mn avant de l'étaler sur le gâteau.*

Glace aux marrons

ARDÈCHE

Pour 6 à 8 personnes :
1 litre de lait, 6 jaunes d'œufs
400 g de crème
de marrons glacés
150 g de débris
de marrons glacés

1 bâton de vanille
1 verre à digestif de rhum
8 marrons au sirop
Préparation : 15 mn
de préférence la veille
Cuisson : 10 mn

Faites bouillir le lait avec le bâton de vanille fendu en deux. □ Dans une terrine, battez les jaunes d'œufs et incorporez peu à peu le lait bouillant. Faites prendre la crème sur feu doux en remuant sans cesse, et sans laisser bouillir. □ Hors du feu incorporez la crème de marrons glacés, mélangez à fond et laissez refroidir. □ Ajoutez le rhum, versez en sorbetière et faites prendre au congélateur. □ Aussitôt que la sorbetière est arrêtée, incorporez les débris de marrons glacés, mélangez à la spatule. □ Fermez la sorbetière, mais cette fois sans les spatules, et remettez au congélateur pendant 2 à 3 heures. □ Une demi-heure avant de servir la glace, descendez-la dans le réfrigérateur et mettez vos coupes au congélateur. □ Pour servir, faites des boules à la cuillère et décorez chaque coupe d'un marron au sirop.

Notre conseil : *sans congélateur, utilisez le freezer de votre réfrigérateur. Sans sorbetière, utilisez un bac à glace, mais sortez-le souvent pour remuer la glace à la spatule.*

Meringues aux fraises

BRETAGNE

Pour 6 personnes :	Pour la crème chantilly :
500 g de fraises	250 g de crème fraîche
Pour les meringues :	75 g de sucre en poudre
6 blancs d'œufs	1 sachet de sucre vanillé
500 g de sucre	Préparation : 30 mn
40 g de farine	Cuisson : 40 mn

Les meringues : battez les blancs d'œufs en neige, ajoutez la moitié du sucre en poudre, continuez à battre et, lorsque les blancs sont très fermes, ajoutez le reste du sucre, tamisé avec la farine. Mélangez en soulevant la masse à l'aide d'une spatule. □ A l'aide d'une poche à douille, dressez sur 2 plaques huilées, 6 cercles en forme d'escargot, 6 anneaux de même taille et 6 petites meringues. Faites cuire à four doux 150° (3 au thermostat) pendant 40 mn environ. □ Otez les meringues et laissez-les refroidir. Battez la crème fraîche au fouet électrique, ajoutez le sucre en poudre et le sucre vanillé. Arrêtez de battre aussitôt que la crème devient mousseuse. □ Lavez les fraises sous l'eau courante, égouttez-les, équeutez-les. □ Recouvrez chaque cercle en meringue d'une couche de crème chantilly, d'un anneau, de quelques fraises, d'un peu de chantilly et terminez par une petite meringue.

Notre conseil : *avant de battre la crème fraîche, mettez-la dans une jatte et placez-la au moins 2 h dans le haut du réfrigérateur.*

Papin aux pruneaux

BOULONNAIS

Pour 6 à 8 personnes :	175 g de sucre en poudre
Pour la pâte :	1 sachet de sucre vanillé
500 g de farine	24 pruneaux trempés
2 œufs	et dénoyautés
100 g de beurre	1 litre de lait,
20 g de levure de boulanger	50 g de beurre
Pour la garniture :	Préparation : 30 mn,
125 g de farine	2 h à l'avance
3 jaunes d'œufs	Cuisson : 1 h 40

Sur une planche, versez la farine, émiettez la levure et mélangez-la intimement à la farine. Faites une fontaine, cassez-y les œufs un à un et ajoutez le beurre juste fondu. Pétrissez la pâte jusqu'à ce qu'elle soit lisse. Recouvrez-la d'un linge et laissez-la reposer 2 h dans un endroit tiède. □ Pendant ce temps, préparez la crème. Dans une terrine, mélangez au fouet à sauce les jaunes d'œufs, le sucre, le sucre vanillé. Ajoutez la farine tamisée et délayée en versant peu à peu le lait bouillant. Transvasez la crème dans une casserole et amenez-la doucement à ébullition en tournant sans arrêt. Donnez 1 ou 2 bouillons et retirez la casserole du feu. □ Ajoutez 12 pruneaux, mélangez. Déposez sur le dessus de la crème quelques parcelles de beurre, laissez refroidir. □ Abaissez la pâte au rouleau sur 1/2 cm d'épaisseur, donnez-lui la forme d'un grand cercle. Beurrez une tourtière en terre, foncez-la avec la pâte en laissant dépasser largement les bords de la pâte. Remplissez de crème et rabattez les bords de la pâte en y enfermant tout autour le reste des pruneaux. Faites cuire à four chaud 200° (6 au thermostat) pendant 1 h 30 environ. □ Servez cette tarte froide.

Notre conseil : *les parcelles de beurre que l'on met sur le dessus de la crème pendant son refroidissement empêchent la formation d'une peau.*

Parfait aux fraises

BRETAGNE

Pour 6 personnes :	175 g de sucre semoule
250 g de fraises	Préparation : 3 h à l'avance,
500 g de crème fraîche	30 mn
3 jaunes d'œufs	Cuisson : 10 mn

Conservez quelques fraises pour le décor. Lavez le reste, équeutez-les, passez-les à la moulinette grille fine puis au chinois. □ Battez les jaunes d'œufs dans un bol. Mettez le sucre dans une casserole, mouillez-le légèrement et faites-le cuire doucement. Au bout de 2 bouillons, versez-le en filet sur les jaunes en fouettant énergiquement. Remettez le tout dans la casserole sur le feu très doux en continuant à fouetter. Dès que le mélange devient mousseux, ôtez la casserole du feu et continuez de battre jusqu'à complet refroidissement. Mettez au réfrigérateur. □ Pendant ce temps, montez la crème fraîche en chantilly, gardez-en un peu pour décorer. Mélangez la purée de fraises, les jaunes d'œufs et la chantilly. Versez le tout dans un moule chemisé de papier sulfurisé huilé. Placez au congélateur pendant au moins 3 h (ou toute une nuit au freezer du réfrigérateur). □ Sortez le parfait du congélateur 1 h avant de servir mais gardez-le au réfrigérateur. Démoulez au moment de servir et décorez avec la chantilly et les fraises réservées. Servez nature ou accompagné d'une sauce melba.

Notre conseil : *prenez la précaution de mettre la crème fraîche au frais avant de la battre, vous la monterez plus facilement. Rafraîchissez aussi le plat de service. Si vous faites prendre votre parfait au freezer, laissez-le jusqu'au moment de servir.*

75

Pêches pâtissière

VIVARAIS

Pour 6 personnes :	30 g de beurre
1 kg de pêches	350 g de sucre en poudre
1 litre de lait	1 cuillerée à soupe de kirsch
1 gousse de vanille	50 g d'amandes effilées
6 œufs	Préparation : 35 mn
100 g de farine	Cuisson : 30 mn

Pelez les pêches, dénoyautez-les, coupez-les en morceaux, mettez-les dans une casserole avec 100 g de sucre, faites-les cuire 10 mn pour les réduire en compote. Parfumez avec le kirsch. □ Pendant ce temps, faites bouillir le lait avec la gousse de vanille fendue en deux. Dans une terrine, travaillez 2 œufs entiers et 4 jaunes, 150 g de sucre, la farine et le beurre ramolli. Lorsque vous avez obtenu une pâte homogène, mouillez petit à petit avec le lait chaud en travaillant toujours. □ Transvasez le mélange dans une casserole, portez sur feu doux et, sans cesser de remuer, amenez à ébullition, maintenez-la quelques secondes. Versez la crème dans un plat allant au four. Étalez la compote de pêches tièdes sur la crème. □ Battez en neige ferme les 4 blancs d'œufs restants avec 100 g de sucre ajouté petit à petit dès que les blancs commencent à prendre. Incorporez les amandes effilées. Nappez la compote avec cette meringue et passez 5 mn à four chaud 230° (7 au thermostat) pour la faire blondir. □ Retirez du four, laissez refroidir et mettez au réfrigérateur. Cet entremets doit être servi bien frais.

Notre conseil : *décorez de meringue à la poche à douille pour masquer la compote. □ Pour accompagner cet entremets léger, servez un vin pétillant : vouvray ou blanquette de Limoux.*

76

Poires fondantes

ILE-DE-FRANCE

Pour 6 personnes : 6 poires, 4 œufs 100 g de sucre en poudre Pour le sirop : 200 g de sucre en poudre 1/2 litre d'eau, 1/2 citron Pour la crème : 2 jaunes d'œufs	75 g de sucre 25 g de fécule de maïs 1/4 de litre de lait 2,5 cl de liqueur à l'orange 25 g d'amandes mondées et hachées Préparation : 20 mn Cuisson : 20 mn

Préparez le sirop : versez l'eau, le jus du demi-citron et le sucre dans une casserole, faites fondre à feu doux. □ Pelez les poires en les laissant entières, faites-les pocher dans le sirop pendant 15 mn environ selon leur variété. Coupez-leur un talon du côté opposé à la queue et creusez un peu l'intérieur à l'aide d'une petite cuillère en ôtant le cœur et les pépins. □ Préparez la crème : dans un grand bol, mélangez les 2 jaunes d'œufs avec le sucre et la fécule de maïs, ajoutez le lait bouillant petit à petit en remuant vivement, versez le tout dans la casserole et faites chauffer sans cesser de remuer jusqu'au premier bouillon. □ Ôtez du feu, laissez refroidir, incorporez les amandes et la liqueur. Remplissez les poires de cette crème. Disposez-les dans des coupes individuelles allant au four ou dans un plat à gratin beurré. □ Battez 4 blancs d'œufs en neige ferme, dès qu'ils commencent à monter ajoutez petit à petit les 100 g de sucre en poudre. □ Dans un bol, battez les 4 jaunes d'œufs à la spatule, ajoutez-les délicatement aux blancs en soulevant la masse pour ne pas la briser. □ Emplissez une poche à douille et enrobez les poires de ce mélange. Passez à four très chaud 5 mn environ, servez aussitôt.

Notre conseil : *jugez du temps de cuisson des poires en les perçant avec une aiguille à brider ou à tricoter, elle doit s'enfoncer sans résistance.*

77

Réduit de Mont-de-Marsan

LANDES

Pour 6 personnes :
1 litre de lait
250 g de sucre
6 œufs entiers

1 sachet de sucre vanillé
15 g de beurre
Préparation : 15 mn
Cuisson : 1 h

Dans une grande casserole faites bouillir le lait. Hors du feu, jetez dedans le sucre et le sucre vanillé, mélangez pour faire fondre. □ Dans une terrine, cassez les œufs, battez-les en omelette. Peu à peu, versez le lait sur les œufs tout en continuant de battre. Versez les 3/4 de cet appareil dans un moule à manqué beurré. Faites cuire à four doux 180º (5 au thermostat) pendant 50 mn environ. Laissez refroidir avant de démouler. □ Versez le reste de l'appareil dans une casserole et faites-le prendre sur feu doux en remuant à la spatule. □ Cette crème, comme une crème anglaise, ne doit surtout pas bouillir. Elle est à point lorsqu'elle nappe la spatule. Laissez-la refroidir et versez-la tout autour du gâteau.

Notre conseil : *ce dessert extrêmement léger est très apprécié après un repas un peu lourd.*

Riz aux pommes

NORMANDIE

Pour 8 à 10 personnes :
150 g de riz rond
1 litre de lait
250 g de sucre en poudre
1 gousse de vanille
2 œufs entiers, 1 pincée de sel

1 kg de pommes golden
80 g de beurre
350 g de marmelade d'abricots
3 cuillerées à soupe de rhum
Préparation : 30 mn
Cuisson : 1 h 10

Lavez le riz à l'eau chaude, jetez-le dans de l'eau bouillante, laissez sur le feu pendant 3 mn, égouttez-le. Faites bouillir le lait avec la vanille et versez-y le riz. Couvrez et faites mijoter pendant 40 à 45 mn environ, à très petit bouillonnement. □ A mi-cuisson, ajoutez la moitié du sucre et le sel. Lorsque le riz est cuit, laissez-le refroidir un instant et ajoutez les œufs entiers en remuant énergiquement. □ Pendant la cuisson du riz, pelez les pommes, coupez-les en quartiers, puis chaque quartier en deux. Faites-les cuire doucement à la poêle dans 75 g de beurre. Dès qu'elles commencent à dorer, saupoudrez-les avec le reste du sucre, laissez cuire en se caramélisant. □ Beurrez un moule à charlotte. Remplissez-le, par couches alternées de riz et de pommes, en commençant et en terminant par du riz. Gardez quelques tranches de pommes pour le décor. □ Mettez le moule au bain-marie chaud et à four moyen 170º (5 au thermostat) pendant 20 mn. Laissez refroidir avant de démouler sur le plat de service. Décorez avec les pommes réservées. Préparez la sauce à l'abricot, passez la marmelade à travers un chinois en l'écrasant à la spatule. Détendez la sauce avec une ou deux cuillerées à soupe d'eau, ajoutez le rhum. Servez cette sauce à part.

Notre conseil : *il est nécessaire de laisser refroidir le riz de 3 à 4 mn avant de lui ajouter les œufs, une trop forte chaleur risque en effet de cuire les jaunes et les blancs. Ce riz se prépare la veille ou le matin pour le soir.*

Sauce melba

BRETAGNE

Pour 1,500 kg de fruits
(fraises ou framboises)
pesés, équeutés

1,500 kg de sucre semoule
Préparation : 1 h 20
Pas de cuisson.

Si les fruits sont sales, lavez-les, équeutez-les. Pesez-les. □ Passez-les d'abord au moulin à légumes grille fine, puis au chinois. Versez ce jus dans un grand saladier, puis le sucre en trois fois en remuant à chaque fois. Laissez macérer au moins 1 h pour que le sucre soit parfaitement fondu. □ Cette sauce est l'indispensable complément de nombreuses glaces (pêches melba, abricots melba, parfait aux fraises, aux framboises) et de nombreux entremets (gâteaux de riz, de semoule).
Notre conseil : *la sauce melba se conserve parfaitement 8 jours au réfrigérateur, 6 mois au congélateur. Vous pouvez également la stériliser.*

Tarte à l'envers aux abricots

RHÔNE-ALPES

Pour 6 personnes :
Pour la pâte :
200 g de farine
100 g de beurre
1 cuillerée à café de sucre
1/2 verre d'eau, 1 pincée de sel

1 moule de 28 cm de diamètre
Pour la garniture :
750 g d'abricots
200 g de sucre, 75 g de beurre
Préparation : 20 mn
Cuisson : 50 mn

Préparez la pâte en travaillant du bout des doigts la farine, le sucre, le beurre divisé en morceaux et l'eau salée. □ Formez une boule de pâte, laissez-la reposer 20 mn au frais. □ Dénoyautez les abricots. □ Dans le fond d'un moule en métal ou en verre à feu, étalez 50 g de beurre, saupoudrez d'une épaisse couche de sucre (100 g environ). Rangez régulièrement une couche d'abricots coupés en deux, partie bombée sur le sucre, puis placez par dessus le reste des abricots coupés en morceaux. □ Posez le moule sur un feu moyen en intercalant une plaque d'amiante entre la source de chaleur et le moule. □ Laissez cuire pendant 15 mn environ. Arrêtez la cuisson aussitôt que le caramel se forme et que le jus des abricots est évaporé. Laissez tiédir quelques secondes. □ Saupoudrez du reste du sucre et disposez le reste du beurre coupé en morceaux. Recouvrez avec la pâte brisée étalée au rouleau en la faisant pénétrer à l'intérieur du moule. □ Mettez à four chaud 230º (7 au thermostat) pendant 30 à 35 mn environ. Sortez la tarte du four et au bout de 10 mn retournez-la avec son moule sur le plat de service. □ Laissez la tarte se démouler toute seule. Servez tiède.
Notre conseil : *cette tarte merveilleuse peut aussi se servir accompagnée de crème fraîche.*

Tarte aux mirabelles

LORRAINE

Pour 6 personnes :	1 verre d'eau
Pour la pâte :	Pour la garniture :
250 g de farine	500 g de mirabelles
125 g de beurre	75 g de sucre en poudre
1 jaune d'œuf	Préparation : 20 mn + 2 heures
1 pincée de sel	de repos pour la pâte
1 cuillerée à café de sucre	Cuisson : 30 mn

Préparez une pâte brisée : tamisez la farine sur la table, faites un puits au milieu, mettez le sel, le sucre, le jaune d'œuf, le beurre juste ramolli, la moitié de l'eau. □ Pétrissez rapidement avec les doigts sans trop travailler. Mouillez encore si nécessaire pour obtenir une pâte souple sans être molle. □ Arrêtez de travailler dès que toute la farine est absorbée. Mettez en boule et laissez reposer 2 heures au frais. □ Étendez alors la pâte au rouleau sans trop fariner la table pour ne pas changer les proportions. □ Foncez une tourtière beurrée de 26 cm de diamètre. Piquez le fond à la fourchette. Dénoyautez les fruits, disposez-les sur la pâte, saupoudrez de sucre en poudre. □ Enfournez, à four chauffé d'avance, à 230º (7 au thermostat) pendant 15 mn, puis encore 15 mn à 200º (6 au thermostat).

Notre conseil : *avant de ranger les fruits dans la tourtière saupoudrez la pâte d'1 cuillerée à soupe de semoule de blé, en cuisant elle absorbera le surplus de jus lâché par les fruits.*

Tarte aux poires dorées

ANJOU

Pour 6 personnes :
Pour la pâte :
200 g de farine
100 g de beurre
75 g de sucre
1 jaune d'œuf
1 pincée de sel

Pour la garniture :
5 poires
30 g de beurre, 80 g de sucre
2 sachets de sucre vanillé
1 dl de crème fraîche
Préparation : 15 mn
Cuisson : 40 mn

Faites une pâte en travaillant la farine avec le beurre divisé en morceaux. Ajoutez le sucre, le jaune d'œuf, le sel, un demi-verre d'eau. Mélangez, formez une boule, laissez reposer 30 mn au frais. □ Reprenez la pâte, étendez-la au rouleau, chemisez-en un moule à tarte. Garnissez la pâte d'un papier sulfurisé garni de petits cailloux ou de haricots secs. □ Faites-la cuire à four moyen 200° (6 au thermostat) pendant 20 à 25 mn. Otez le papier et les cailloux. □ Épluchez les poires, coupez-les en 8, faites-les sauter au beurre dans une grande poêle, saupoudrez-les de 30 g de sucre et du sucre vanillé. Aussitôt que les poires deviennent translucides, ôtez-les de la poêle et égouttez-les. □ Dans la poêle contenant le jus de cuisson, versez la crème et faites réduire pour obtenir un mélange épais. □ Dressez les poires dans le fond de tarte, nappez de la réduction à la crème, saupoudrez des 50 g de sucre restants et passez rapidement sous le grilloir du four juste pour colorer.

Notre conseil : *cette tarte sera bien plus délicate si vous la servez légèrement tiède.*

Tarte aux quetsches crémée

ALSACE

Pour 6 personnes :
Pour la pâte :
200 g de farine
100 g de beurre
1 œuf
50 g de sucre semoule
1 pincée de sel

Pour la garniture :
700 g de quetsches
2 jaunes d'œufs
125 g de crème fraîche
50 g de sucre en poudre
Préparation : 20 mn
Cuisson : 40 mn

Préparez une pâte brisée en travaillant dans une terrine la farine avec le beurre divisé en parcelles, l'œuf, le sucre et le sel. Si la pâte est trop épaisse allongez-la avec 1/2 verre d'eau. □ Formez une boule, laissez-la reposer 30 mn au réfrigérateur. □ Pendant ce temps, lavez et épongez les quetsches, ouvrez-les en deux pour ôter les noyaux. □ Étendez la pâte au rouleau, chemisez-en un moule à tarte de 28 cm de diamètre préalablement beurré. Piquez par places le fond de la pâte, à la fourchette. □ Disposez les quetsches sur la pâte, côté bombé vers le fond. □ Mettez à four chaud 230º (7 au thermostat), faites cuire 20 mn. Dans un bol, battez les jaunes d'œufs, la crème et le sucre. □ Sortez la tarte du four, versez la préparation sur les fruits, remettez 15 à 20 mn au four moyen 200º (6 au thermostat).

Notre conseil : *cette tarte se sert tiède ou froide. Il est préférable de la faire cuire dans un moule classique dont le fond n'est pas amovible.*

Truffes aux marrons

ARDÈCHE

Pour 40 truffes environ :
1 kg de marrons épluchés
1 litre de lait
200 g de chocolat
à croquer
4 cuillerées à soupe
de crème fraîche

60 g de beurre
vanille liquide
150 g de sucre glace
200 g de vermicelle en chocolat
caissettes en papier
Préparation : 30 mn
Cuisson : 30 mn

Après avoir ôté l'écorce des marrons, mettez-les dans une casserole largement recouverts d'eau froide. Amenez à ébullition, maintenez-la 2 mn. Otez la casserole du feu. Sortez les marrons par quatre ou cinq et épluchez-les. □ Remettez-les dans une casserole, recouvrez-les de lait et faites-les cuire 20 à 25 mn environ. Égouttez les marrons, passez-les à la moulinette puis au tamis fin. □ Dans un grand bol, faites fondre au bain-marie, le chocolat cassé en morceaux, la crème, le beurre. Remuez à la spatule jusqu'à ce que vous obteniez une pâte lisse. □ Hors du feu, dans une terrine, ajoutez le sucre glace, quelques gouttes de vanille et 300 g de purée de marrons. Travaillez le mélange à la spatule. Garnissez-en une poche à douille et formez des petits tas sur la plaque à pâtisserie, mettez au réfrigérateur toute une nuit. □ Le lendemain, reprenez chaque boule dans vos mains pour les remouler, roulez-les dans le vermicelle en chocolat et posez-les dans des caissettes en papier. Maintenez au frais jusqu'au moment de servir.

Notre conseil : *vous pouvez remplacer les marrons frais par des marrons surgelés. Ils sont vendus avec l'écorce enlevée.*

Liste des fiches-cuisine

1. LES ENTRÉES

	Régions	Numéro de la fiche
artichauts au broccio	Corse	1
artichauts au fromage blanc	Bretagne	2
cervelle de canut	Lyonnais	3
champignons montagnards	Savoie	4
corniottes	Vosges	5
crêpes au sarrasin à l'œuf	Bretagne	6
flan aux asperges	Touraine	7
fougasse aux anchois	Provence	8
kugelhof apéritif	Alsace	9
œufs au vin	Quercy	10
oignons marinés	Comté de Nice	11
pâté poitevin	Poitou	12
pissaladière	Comté de Nice	13
quiche au saumon fumé	Landes	14

salade de crosnes	Ile-de-France	15
salade d'œufs crémée	Lorraine	16
tarte aux champignons	Ile-de-France	17

2. LES POISSONS

bisque d'étrilles	Bordelais	18
brochet à la crème	Bourbonnais	19
congre côte d'Émeraude	Bretagne	20
coques de genêts	Normandie	21
dorade farcie au merlan	Ile-de-France	22
écrevisses en salade	Lyonnais	23
fruits de mer au safran	Charentes	24
langoustes au vin de Banyuls	Roussillon	25
langoustines au basilic	Ile-de-France	26
limandes au cidre	Normandie	27
morue en ragoût	Languedoc	28
morue en rayte	Provence	29
mouclade	Charentes	30
potée de congre	Bretagne	31
sardines farcies	Provence	32
thon en chartreuse	Provence	33
ttorro	Pays Basque	34
velouté de moules	Bordelais	35

3. LES VIANDES

baeckaoffa	Alsace	36
blanquette à l'ancienne	Ile-de-France	37
cœur de veau braisé	Ile-de-France	38
côtes de veau Foyot	Ile-de-France	39
dindonneau au champagne	Champagne	40
garbure aux fèves	Béarn	41
gigot au genièvre	Alsace	42
jambon au cidre	Normandie	43
joue de bœuf en civet	Charolais	44
lapin à la cauchoise	Normandie	45
oie en choucroute	Alsace	46
palette en croûte	Vosges	47
palette au sauvignon	Bordelais	48
palombes rôties	Landes	49
paupiettes aux pruneaux	Artois	50
poule en gelée	Gascogne	51
poule au riz	Ile-de-France	52
poulet en terrine	Bresse	53
rillettes de poule	Bresse	54
ris de veau aux raisins	Bordelais	55
rôti de veau aux olives	Provence	56
saucisse au coulis	Languedoc	57
stufatu	Corse	58
terrine de poulet aux herbes	Bresse	59
veau vapeur	Provence	60

4. LES DESSERTS

abricots meringués	Roussillon	61
biscuit au marc	Bourgogne	62
charlotte Montmorency	Ile-de-France	63
confiture griottes-fraises	Alsace	64
confiture de mirabelles	Lorraine	65
crêpes de La Rochelle	Charentes	66
figues en confit	Provence	67
flan d'abricots Bourdaloue	Ardèche	68
flan aux fraises	Bretagne	69
galopins	Artois	70
gâteau surprise	Lyonnais	71
glace aux marrons	Ardèche	72
meringues aux fraises	Bretagne	73
papin aux pruneaux	Boulonnais	74
parfait aux fraises	Bretagne	75
pêches pâtissières	Vivarais	76
poires fondantes	Ile-de-France	77
réduit de Mont-de-Marsan	Landes	78
riz aux pommes	Normandie	79
sauce melba	Bretagne	80
tarte à l'envers aux abricots	Rhône-Alpes	81
tarte aux mirabelles	Lorraine	82
tarte aux poires dorées	Anjou	83
tarte aux quetsches crémée	Alsace	84
truffes aux marrons	Ardèche	85

Recettes personnelles

Recettes personnelles

Recettes personnelles

Achevé d'imprimer en Italie
par G. Canale & C. S.p.A. - Borgaro T.se (Turin)
Collection: 14 - Edition: 01
ISBN: 2.253.05998.6
Dépôt légal: 7080-04/1992